Herstellung und Verlag:
BoD – Books on Demand, Norderstedt
ISBN: 978-3-7386-4400-5

Haushaltsbuch

SPAREN, PLANEN UND
WÜNSCHE ERFÜLLEN

DIESES BUCH GEHÖRT:_____

Die Menschen
verstehen nicht,
welch große
Einnahmequelle
in der
Sparsamkeit
liegt..

MARCUS TULLIUS CICERO

WOCHENÜBERSICHT

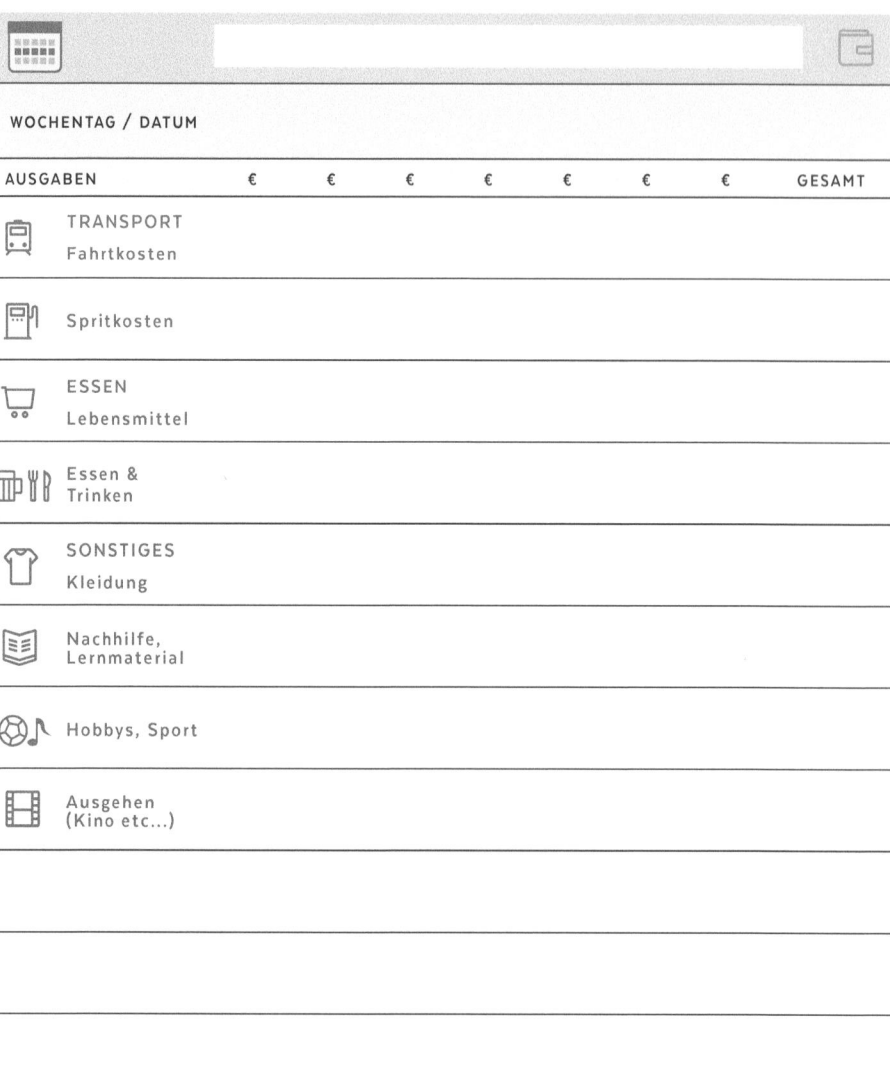

WOCHENTAG / DATUM

AUSGABEN	€	€	€	€	€	€	€	GESAMT
TRANSPORT Fahrtkosten								
Spritkosten								
ESSEN Lebensmittel								
Essen & Trinken								
SONSTIGES Kleidung								
Nachhilfe, Lernmaterial								
Hobbys, Sport								
Ausgehen (Kino etc...)								

GESAMT

WOCHENTAG / DATUM								
AUSGABEN	€	€	€	€	€	€	€	GESAMT
TRANSPORT Fahrtkosten								
Spritkosten								
ESSEN Lebensmittel								
Essen & Trinken								
SONSTIGES Kleidung								
Nachhilfe, Lernmaterial								
Hobbys, Sport								
Ausgehen (Kino etc...)								

GESAMT

WOCHENTAG / DATUM

AUSGABEN	€	€	€	€	€	€	€	GESAMT
TRANSPORT Fahrtkosten								
Spritkosten								
ESSEN Lebensmittel								
Essen & Trinken								
SONSTIGES Kleidung								
Nachhilfe, Lernmaterial								
Hobbys, Sport								
Ausgehen (Kino etc...)								

GESAMT

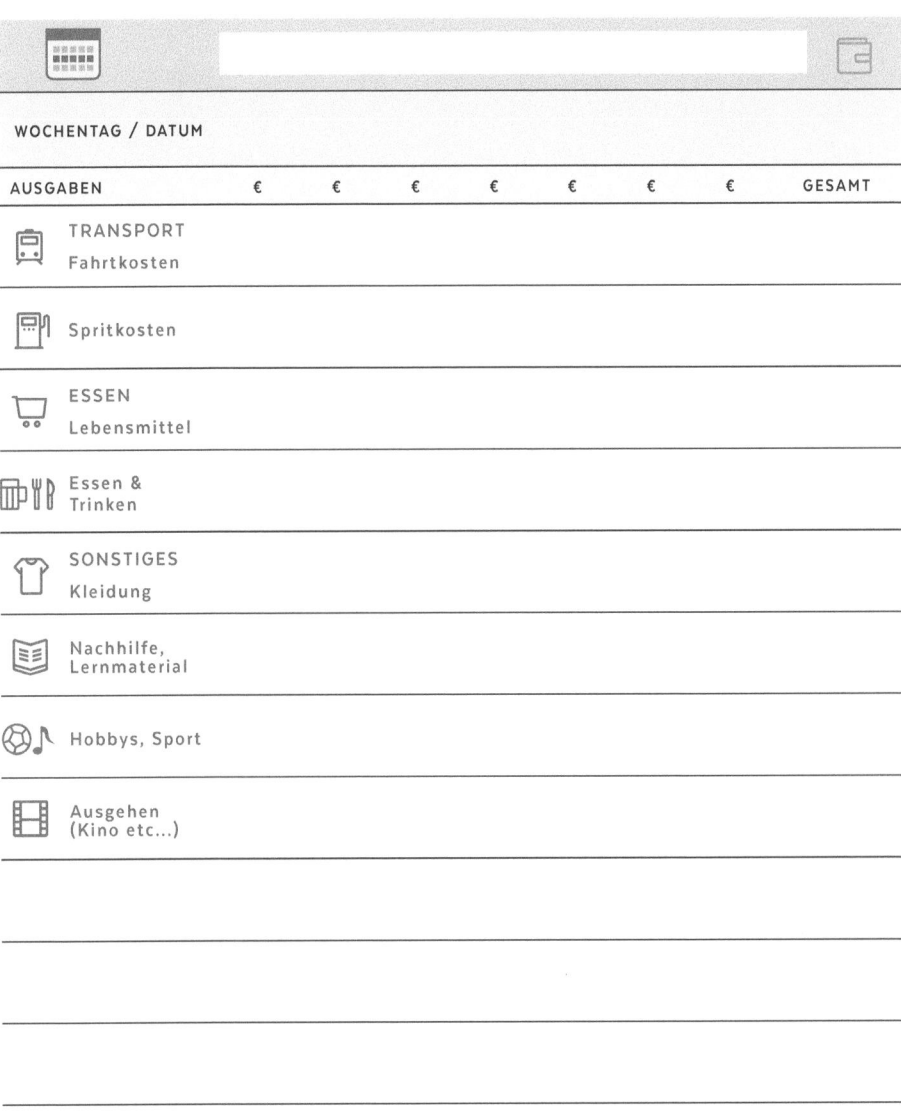

WOCHENTAG / DATUM								
AUSGABEN	€	€	€	€	€	€	€	GESAMT
TRANSPORT Fahrtkosten								
Spritkosten								
ESSEN Lebensmittel								
Essen & Trinken								
SONSTIGES Kleidung								
Nachhilfe, Lernmaterial								
Hobbys, Sport								
Ausgehen (Kino etc...)								
GESAMT								

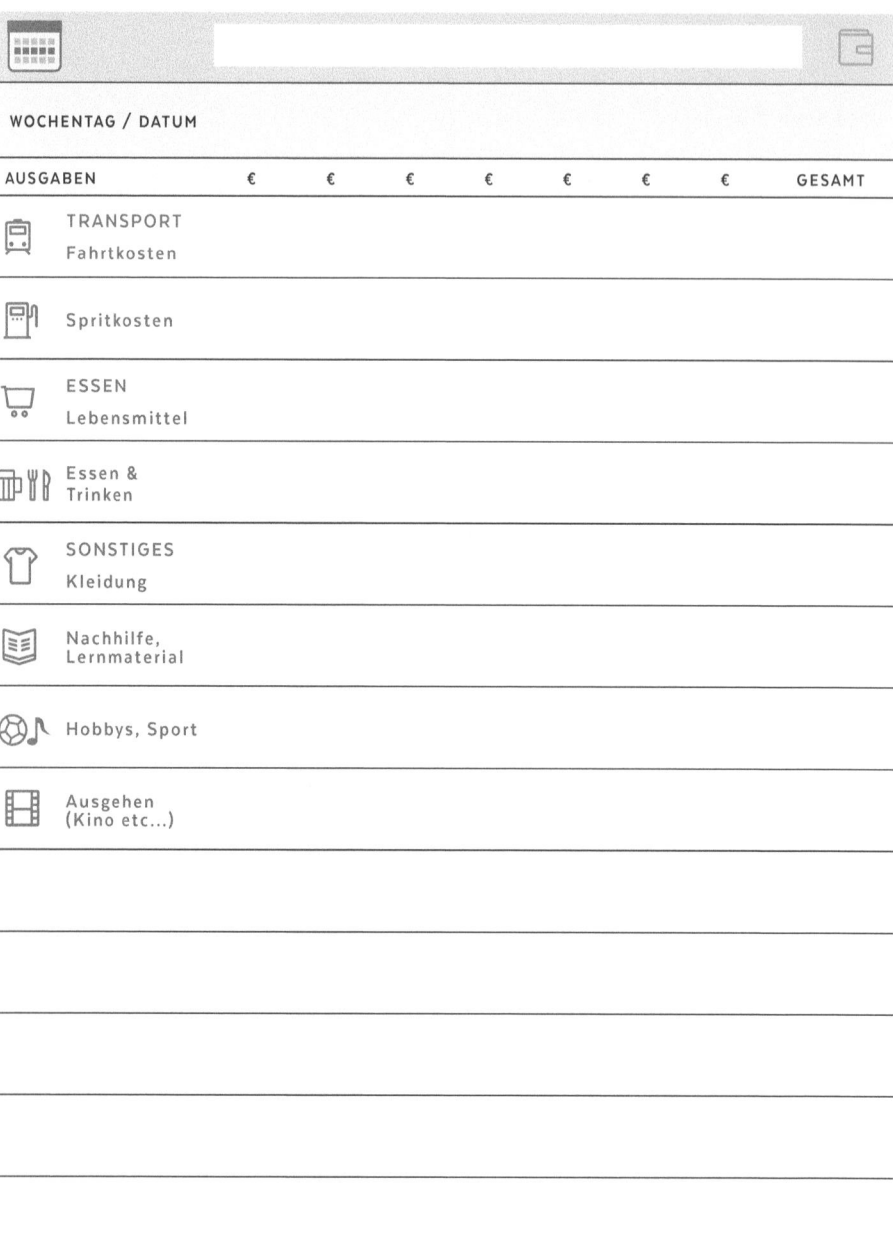

WOCHENTAG / DATUM

AUSGABEN	€	€	€	€	€	€	€	GESAMT
TRANSPORT Fahrtkosten								
Spritkosten								
ESSEN Lebensmittel								
Essen & Trinken								
SONSTIGES Kleidung								
Nachhilfe, Lernmaterial								
Hobbys, Sport								
Ausgehen (Kino etc...)								

GESAMT

WOCHENTAG / DATUM

AUSGABEN	€	€	€	€	€	€	€	GESAMT
TRANSPORT Fahrtkosten								
Spritkosten								
ESSEN Lebensmittel								
Essen & Trinken								
SONSTIGES Kleidung								
Nachhilfe, Lernmaterial								
Hobbys, Sport								
Ausgehen (Kino etc...)								
GESAMT								

WOCHENTAG / DATUM

AUSGABEN	€	€	€	€	€	€	€	GESAMT
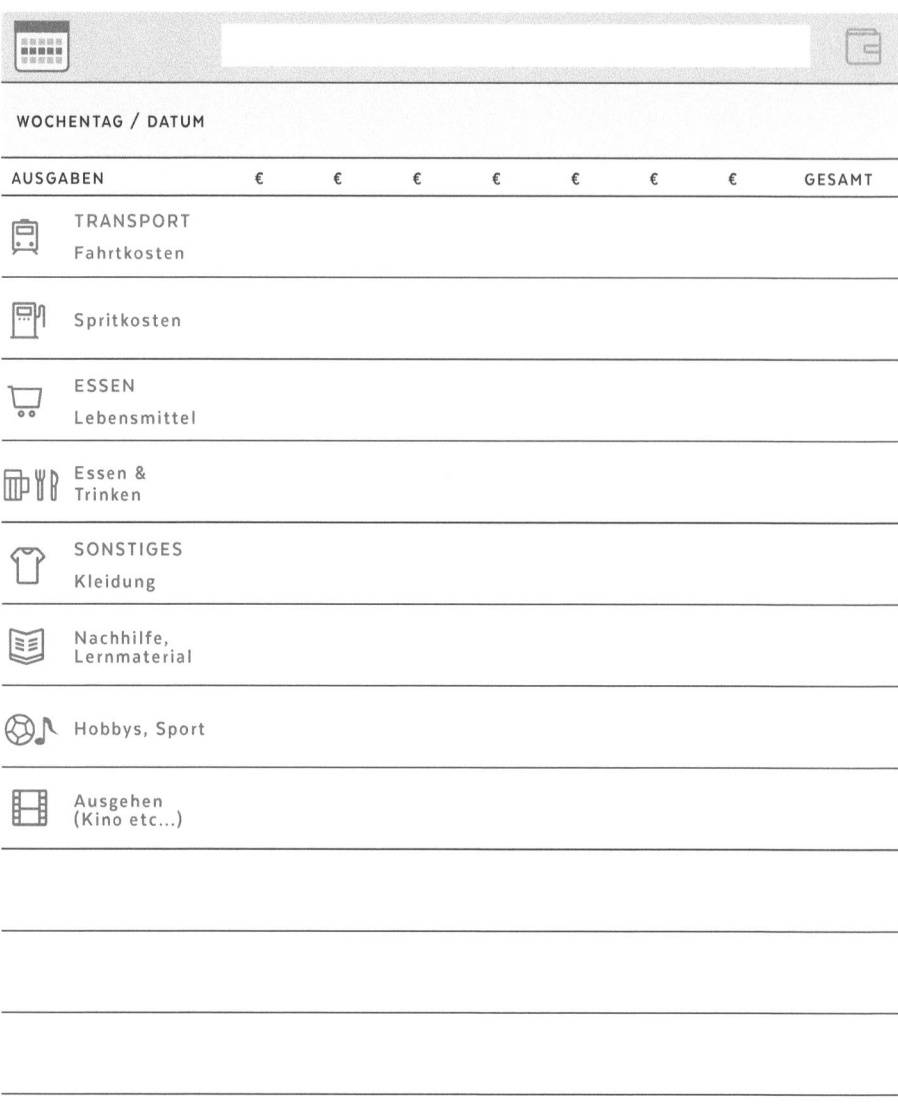 TRANSPORT Fahrtkosten								
Spritkosten								
ESSEN Lebensmittel								
Essen & Trinken								
SONSTIGES Kleidung								
Nachhilfe, Lernmaterial								
Hobbys, Sport								
Ausgehen (Kino etc...)								

GESAMT

WOCHENTAG / DATUM

AUSGABEN	€	€	€	€	€	€	€	GESAMT
TRANSPORT Fahrtkosten								
Spritkosten								
ESSEN Lebensmittel								
Essen & Trinken								
SONSTIGES Kleidung								
Nachhilfe, Lernmaterial								
Hobbys, Sport								
Ausgehen (Kino etc...)								

GESAMT

WOCHENTAG / DATUM

AUSGABEN	€	€	€	€	€	€	€	GESAMT
TRANSPORT Fahrtkosten								
Spritkosten								
ESSEN Lebensmittel								
Essen & Trinken								
SONSTIGES Kleidung								
Nachhilfe, Lernmaterial								
Hobbys, Sport								
Ausgehen (Kino etc...)								

GESAMT

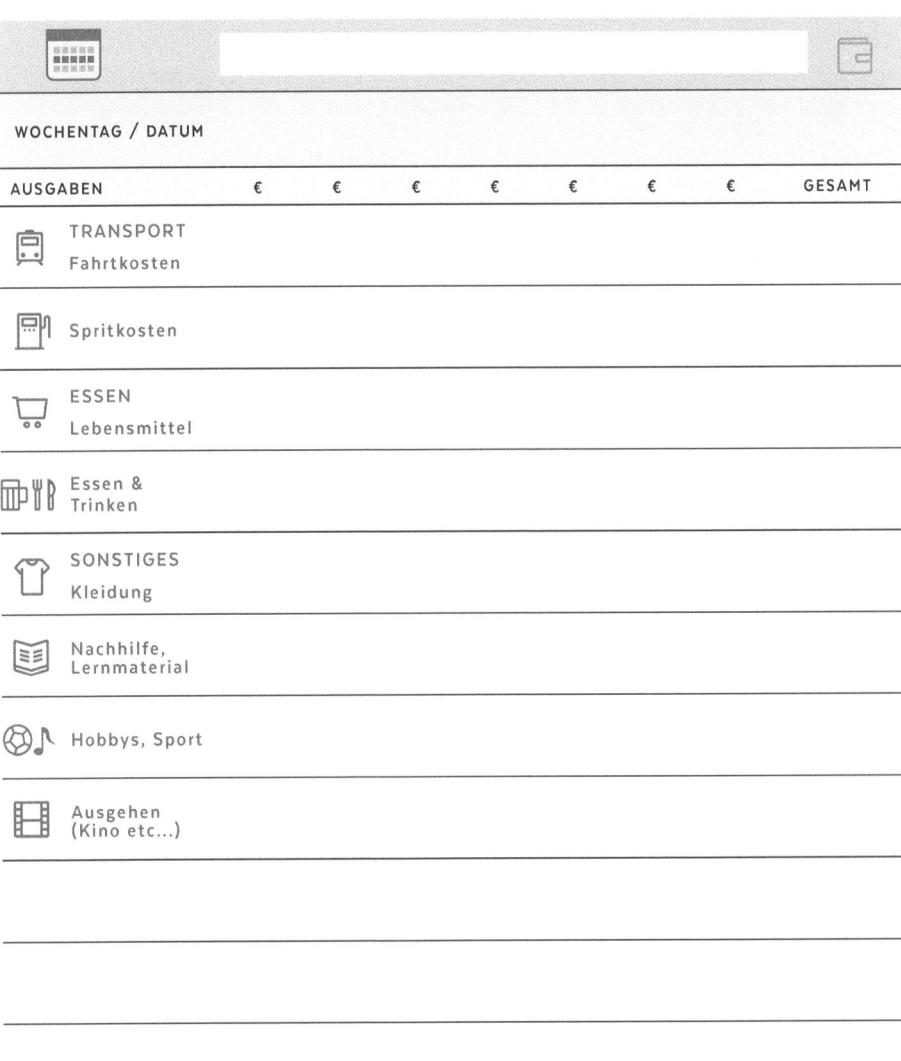

WOCHENTAG / DATUM

AUSGABEN	€	€	€	€	€	€	€	GESAMT
TRANSPORT Fahrtkosten								
Spritkosten								
ESSEN Lebensmittel								
Essen & Trinken								
SONSTIGES Kleidung								
Nachhilfe, Lernmaterial								
Hobbys, Sport								
Ausgehen (Kino etc...)								

GESAMT

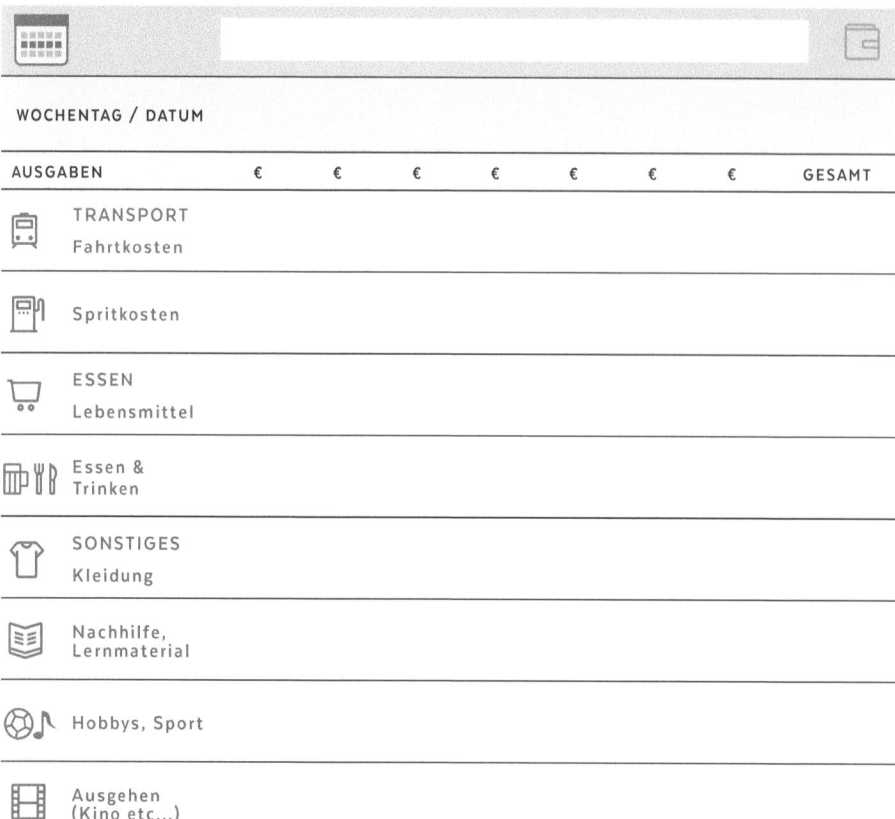

WOCHENTAG / DATUM

AUSGABEN	€	€	€	€	€	€	€	GESAMT
TRANSPORT Fahrtkosten								
Spritkosten								
ESSEN Lebensmittel								
Essen & Trinken								
SONSTIGES Kleidung								
Nachhilfe, Lernmaterial								
Hobbys, Sport								
Ausgehen (Kino etc...)								

GESAMT

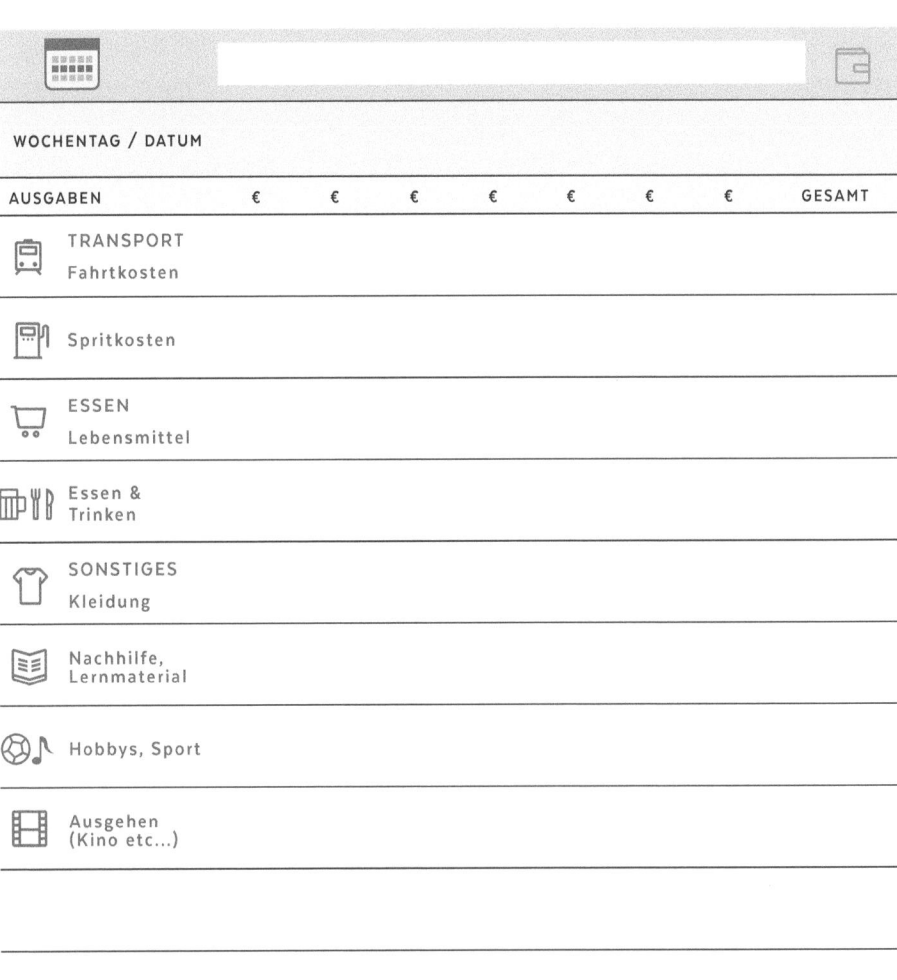

WOCHENTAG / DATUM

AUSGABEN	€	€	€	€	€	€	€	GESAMT
TRANSPORT Fahrtkosten								
Spritkosten								
ESSEN Lebensmittel								
Essen & Trinken								
SONSTIGES Kleidung								
Nachhilfe, Lernmaterial								
Hobbys, Sport								
Ausgehen (Kino etc...)								

GESAMT

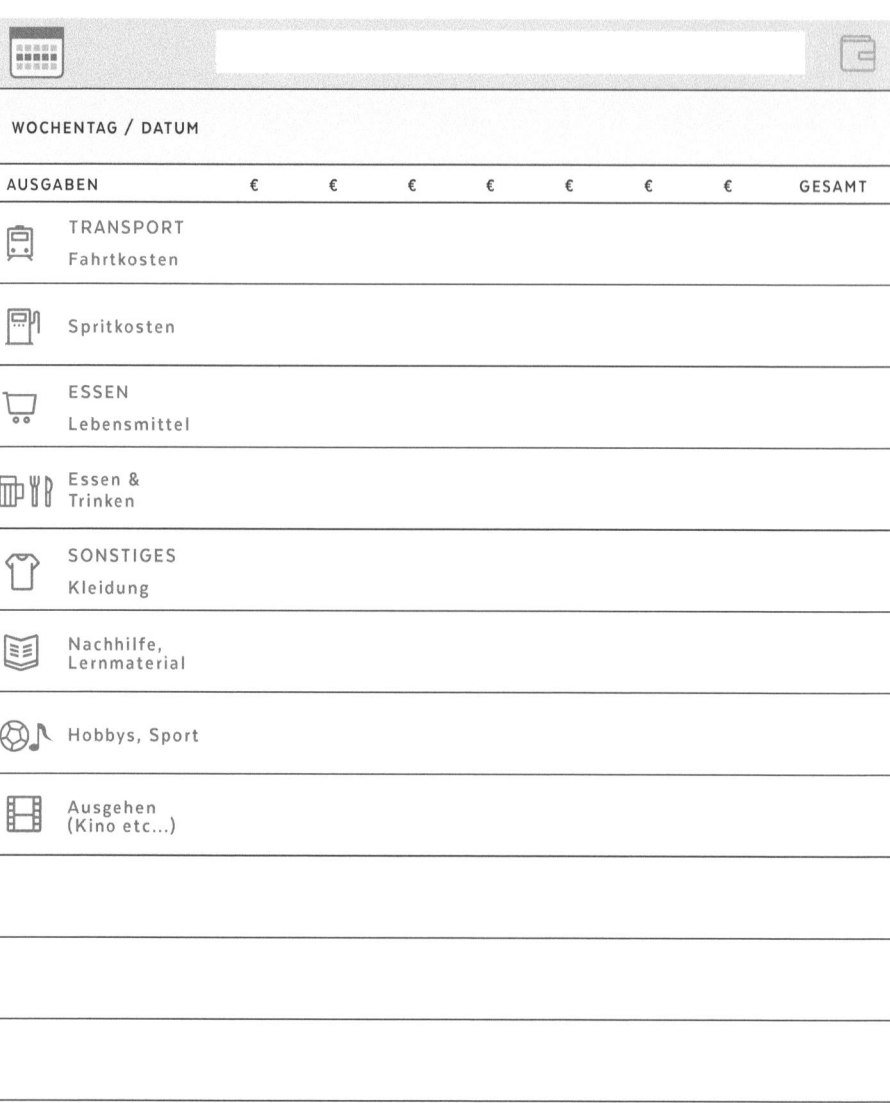

AUSGABEN	€	€	€	€	€	€	€	GESAMT
TRANSPORT Fahrtkosten								
Spritkosten								
ESSEN Lebensmittel								
Essen & Trinken								
SONSTIGES Kleidung								
Nachhilfe, Lernmaterial								
Hobbys, Sport								
Ausgehen (Kino etc...)								

WOCHENTAG / DATUM

GESAMT

WOCHENTAG / DATUM								
AUSGABEN	€	€	€	€	€	€	€	**GESAMT**
TRANSPORT Fahrtkosten								
Spritkosten								
ESSEN Lebensmittel								
Essen & Trinken								
SONSTIGES Kleidung								
Nachhilfe, Lernmaterial								
Hobbys, Sport								
Ausgehen (Kino etc...)								
GESAMT								

WOCHENTAG / DATUM

AUSGABEN	€	€	€	€	€	€	€	GESAMT
TRANSPORT Fahrtkosten								
Spritkosten								
ESSEN Lebensmittel								
Essen & Trinken								
SONSTIGES Kleidung								
Nachhilfe, Lernmaterial								
Hobbys, Sport								
Ausgehen (Kino etc...)								

GESAMT

WOCHENTAG / DATUM

AUSGABEN	€	€	€	€	€	€	€	GESAMT
TRANSPORT Fahrtkosten								
Spritkosten								
ESSEN Lebensmittel								
Essen & Trinken								
SONSTIGES Kleidung								
Nachhilfe, Lernmaterial								
Hobbys, Sport								
Ausgehen (Kino etc...)								
GESAMT								

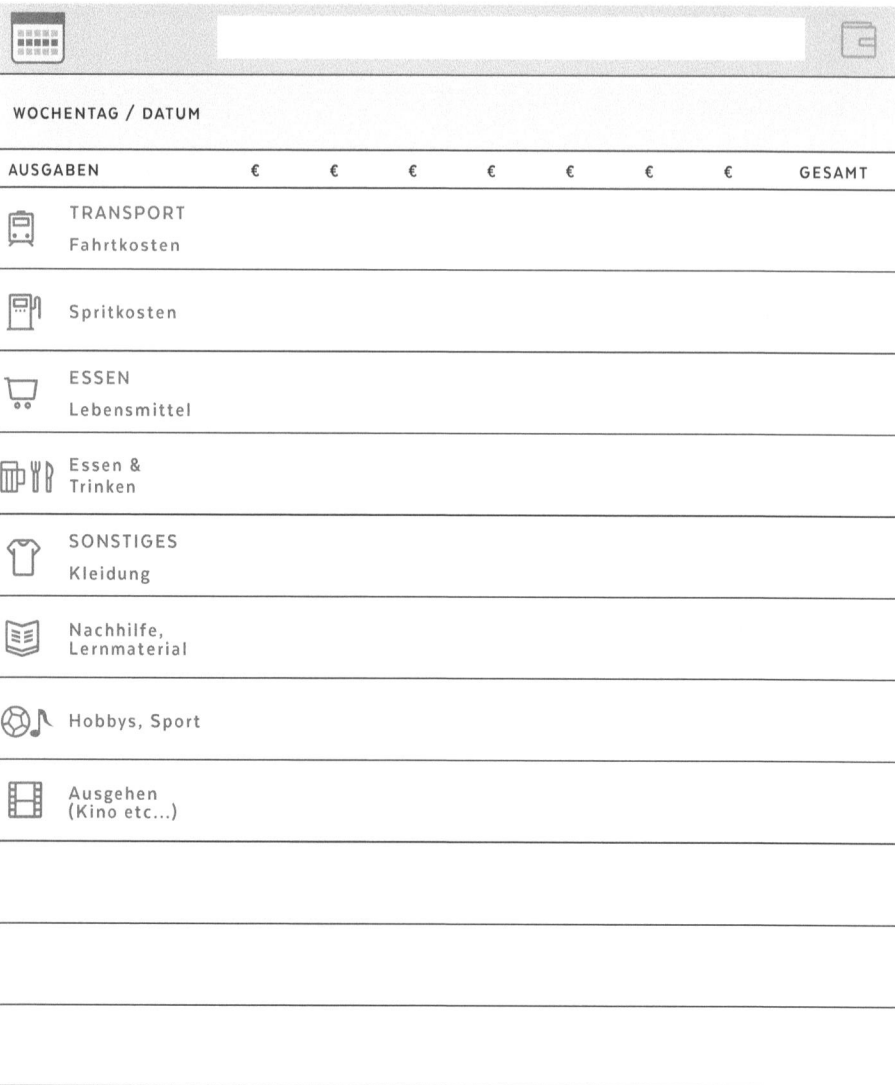

WOCHENTAG / DATUM

AUSGABEN	€	€	€	€	€	€	€	GESAMT
TRANSPORT Fahrtkosten								
Spritkosten								
ESSEN Lebensmittel								
Essen & Trinken								
SONSTIGES Kleidung								
Nachhilfe, Lernmaterial								
Hobbys, Sport								
Ausgehen (Kino etc...)								
GESAMT								

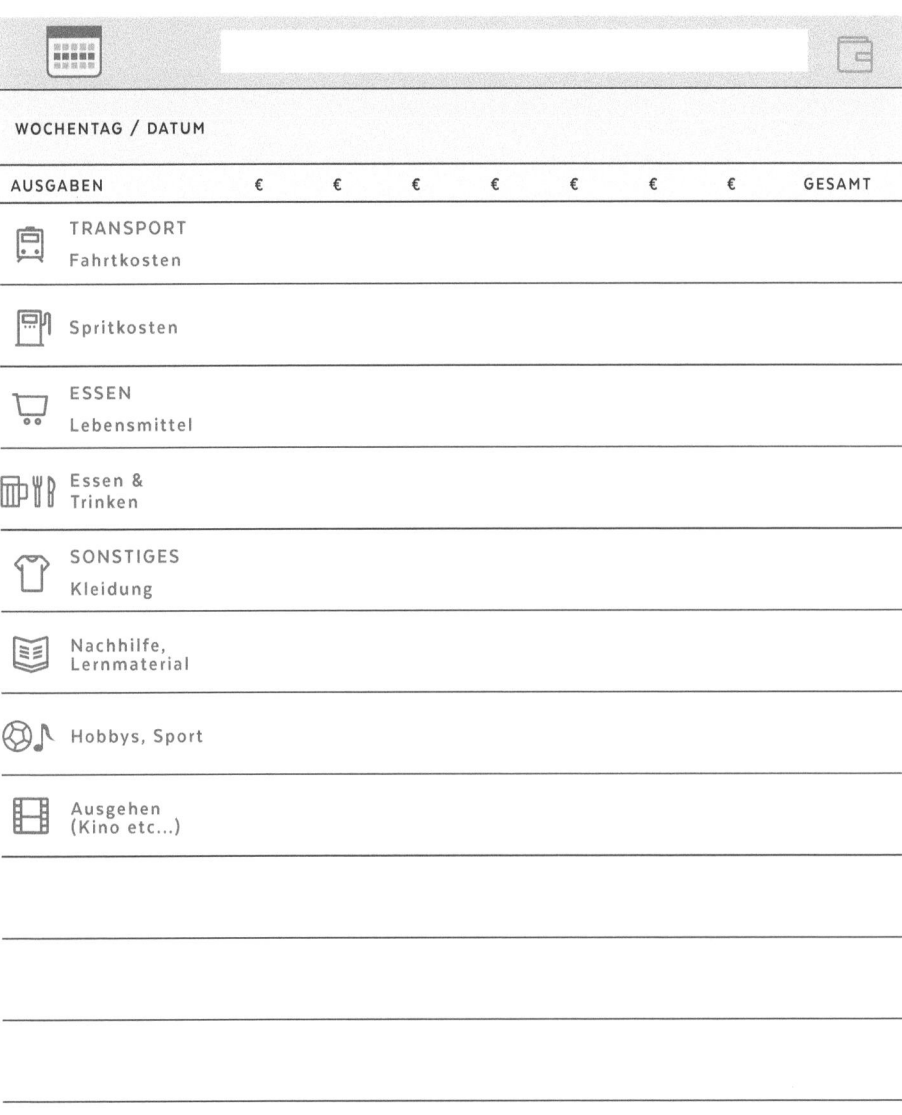

WOCHENTAG / DATUM

AUSGABEN	€	€	€	€	€	€	€	GESAMT
TRANSPORT Fahrtkosten								
Spritkosten								
ESSEN Lebensmittel								
Essen & Trinken								
SONSTIGES Kleidung								
Nachhilfe, Lernmaterial								
Hobbys, Sport								
Ausgehen (Kino etc...)								
GESAMT								

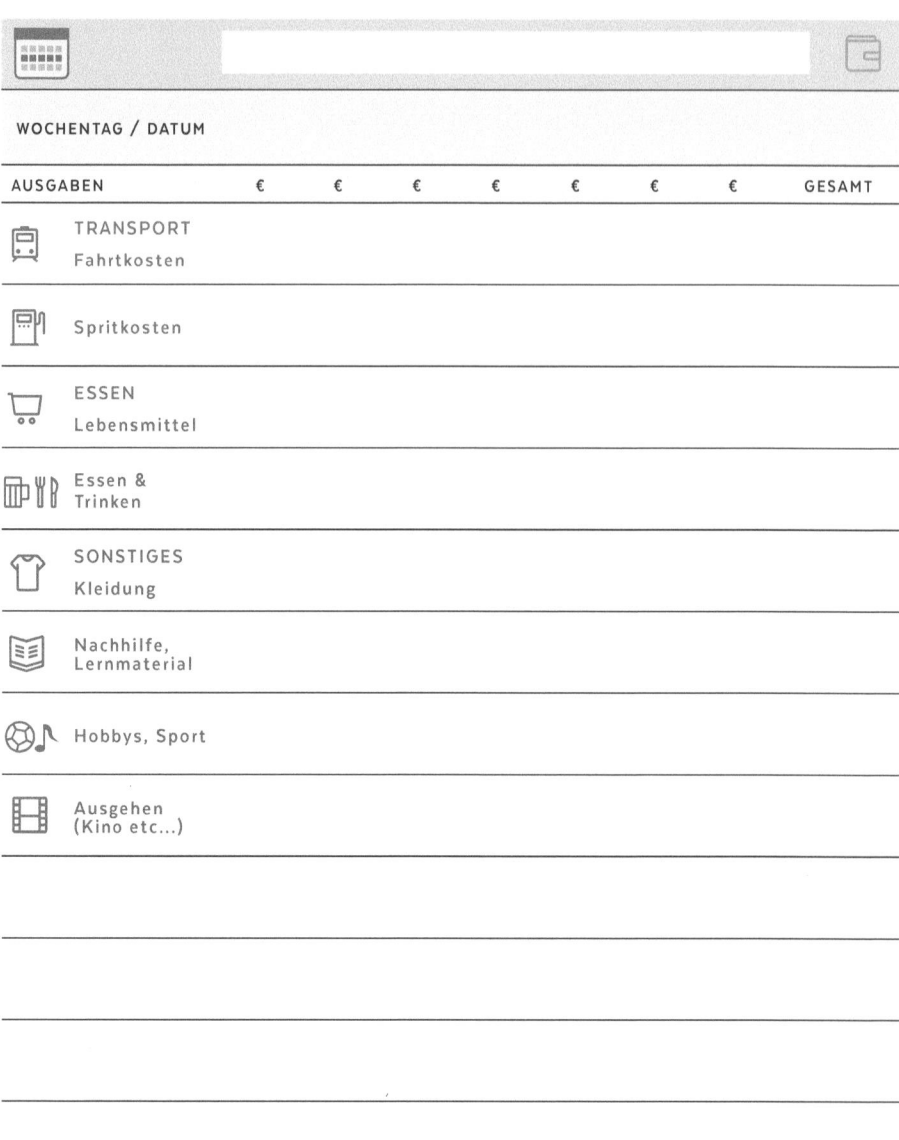

WOCHENTAG / DATUM

AUSGABEN	€	€	€	€	€	€	€	GESAMT
TRANSPORT Fahrtkosten								
Spritkosten								
ESSEN Lebensmittel								
Essen & Trinken								
SONSTIGES Kleidung								
Nachhilfe, Lernmaterial								
Hobbys, Sport								
Ausgehen (Kino etc...)								
GESAMT								

WOCHENTAG / DATUM								
AUSGABEN	€	€	€	€	€	€	€	GESAMT
TRANSPORT Fahrtkosten								
Spritkosten								
ESSEN Lebensmittel								
Essen & Trinken								
SONSTIGES Kleidung								
Nachhilfe, Lernmaterial								
Hobbys, Sport								
Ausgehen (Kino etc...)								
GESAMT								

AUSGABEN	€	€	€	€	€	€	€	GESAMT
TRANSPORT Fahrtkosten								
Spritkosten								
ESSEN Lebensmittel								
Essen & Trinken								
SONSTIGES Kleidung								
Nachhilfe, Lernmaterial								
Hobbys, Sport								
Ausgehen (Kino etc...)								

WOCHENTAG / DATUM

GESAMT

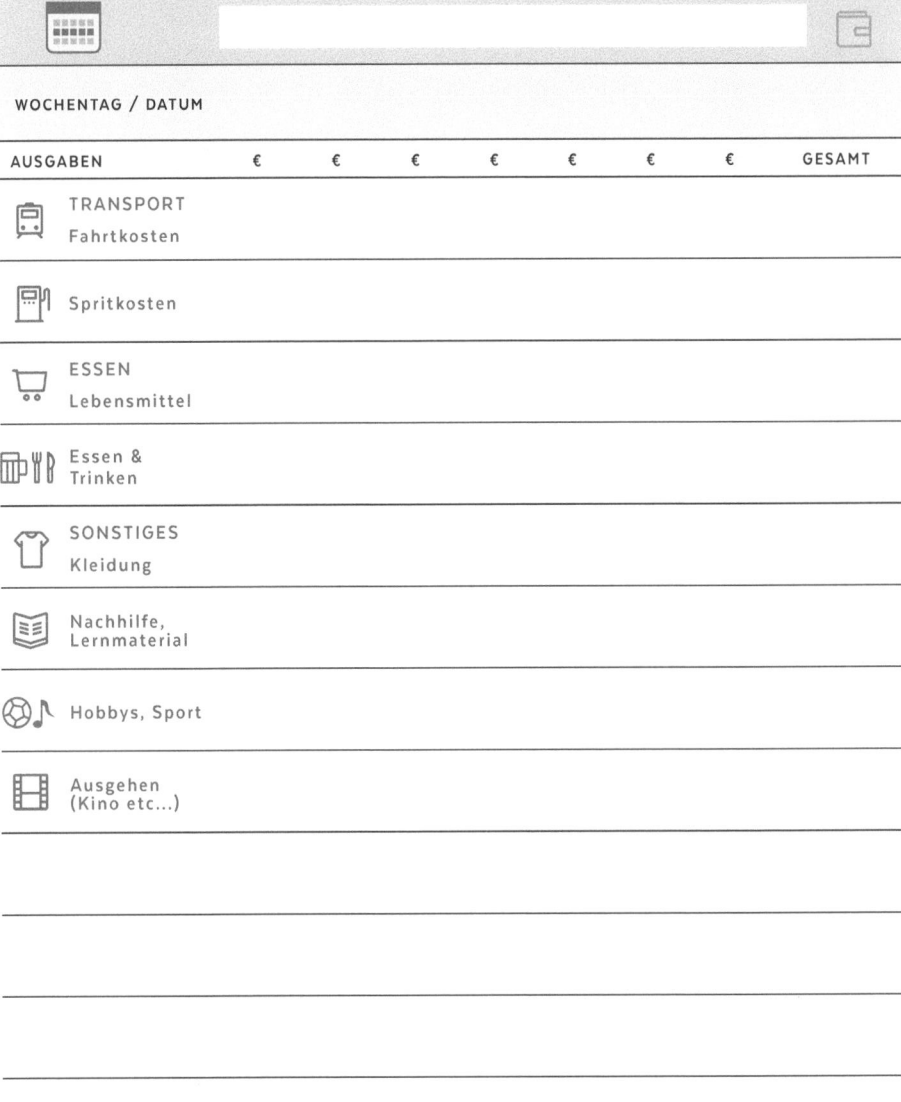

WOCHENTAG / DATUM

AUSGABEN	€	€	€	€	€	€	€	GESAMT
TRANSPORT Fahrtkosten								
Spritkosten								
ESSEN Lebensmittel								
Essen & Trinken								
SONSTIGES Kleidung								
Nachhilfe, Lernmaterial								
Hobbys, Sport								
Ausgehen (Kino etc...)								
GESAMT								

WOCHENTAG / DATUM

AUSGABEN	€	€	€	€	€	€	€	GESAMT
TRANSPORT Fahrtkosten								
Spritkosten								
ESSEN Lebensmittel								
Essen & Trinken								
SONSTIGES Kleidung								
Nachhilfe, Lernmaterial								
Hobbys, Sport								
Ausgehen (Kino etc...)								
GESAMT								

WOCHENTAG / DATUM

AUSGABEN	€	€	€	€	€	€	€	GESAMT
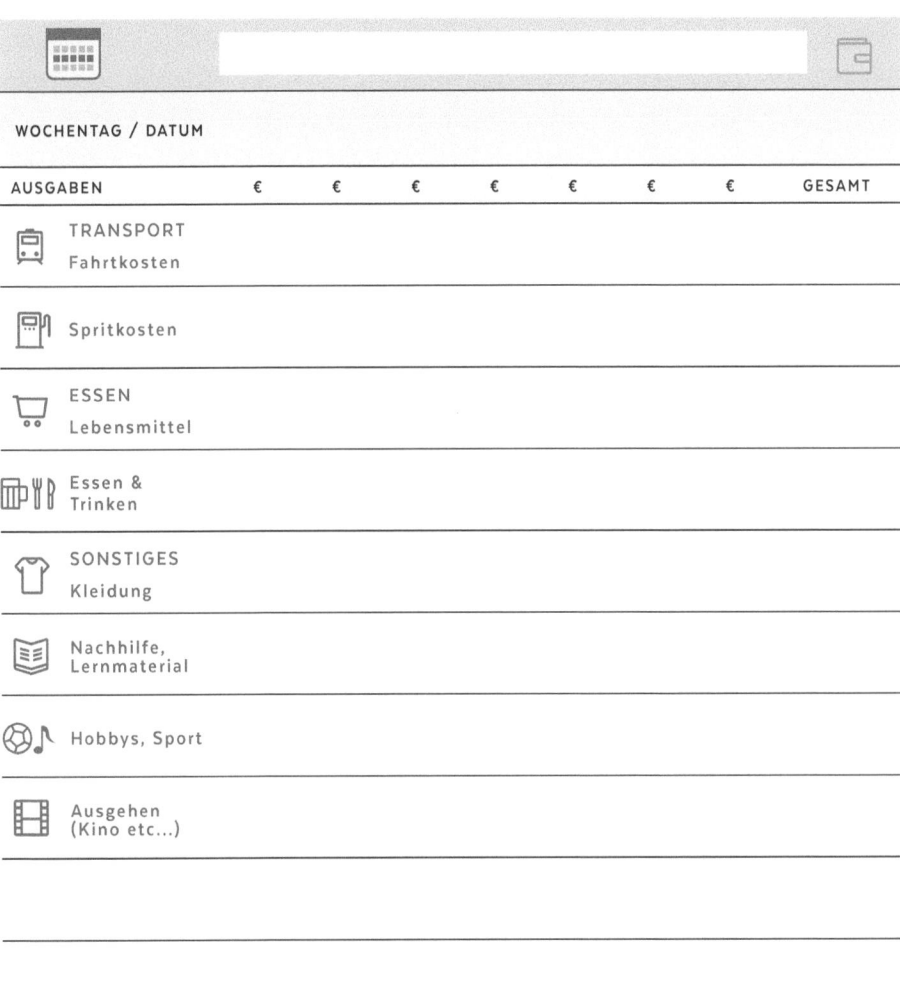 TRANSPORT Fahrtkosten								
Spritkosten								
ESSEN Lebensmittel								
Essen & Trinken								
SONSTIGES Kleidung								
Nachhilfe, Lernmaterial								
Hobbys, Sport								
Ausgehen (Kino etc...)								

GESAMT

WOCHENTAG / DATUM

AUSGABEN	€	€	€	€	€	€	€	GESAMT
TRANSPORT Fahrtkosten								
Spritkosten								
ESSEN Lebensmittel								
Essen & Trinken								
SONSTIGES Kleidung								
Nachhilfe, Lernmaterial								
Hobbys, Sport								
Ausgehen (Kino etc...)								
GESAMT								

WOCHENTAG / DATUM								
AUSGABEN	€	€	€	€	€	€	€	GESAMT
TRANSPORT Fahrtkosten								
Spritkosten								
ESSEN Lebensmittel								
Essen & Trinken								
SONSTIGES Kleidung								
Nachhilfe, Lernmaterial								
Hobbys, Sport								
Ausgehen (Kino etc...)								
GESAMT								

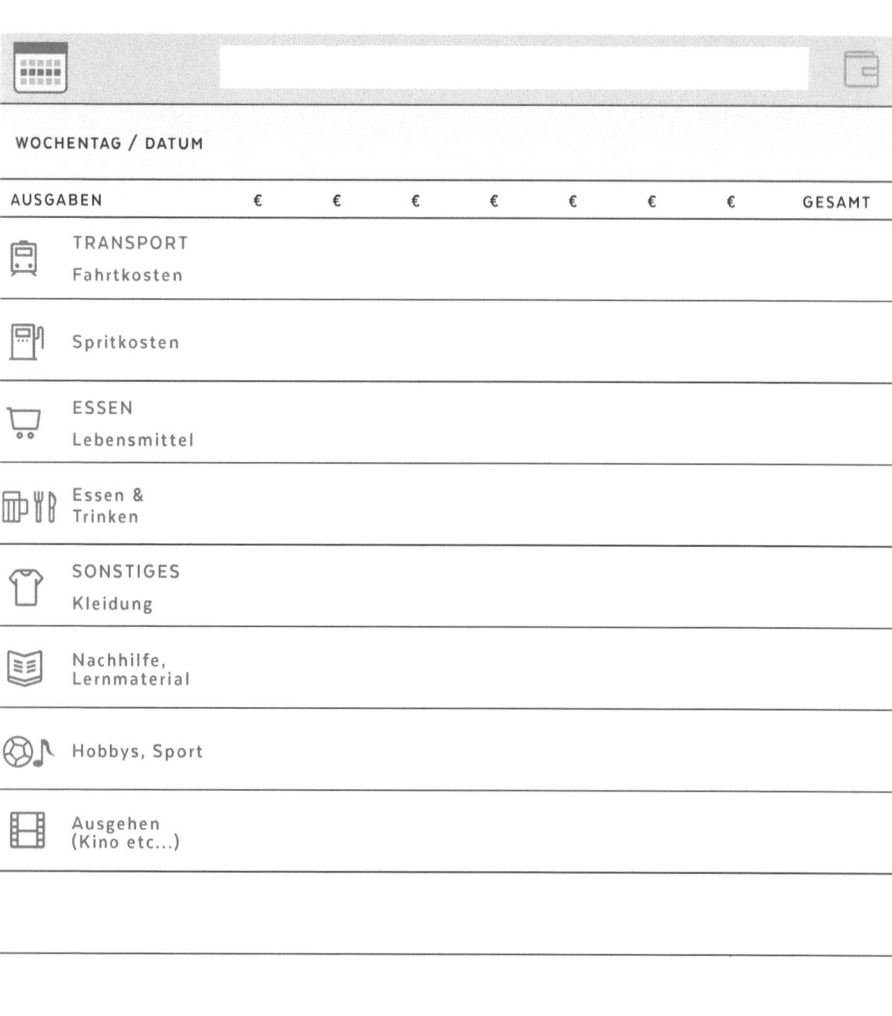

WOCHENTAG / DATUM

AUSGABEN	€	€	€	€	€	€	€	GESAMT
TRANSPORT Fahrtkosten								
Spritkosten								
ESSEN Lebensmittel								
Essen & Trinken								
SONSTIGES Kleidung								
Nachhilfe, Lernmaterial								
Hobbys, Sport								
Ausgehen (Kino etc...)								
GESAMT								

AUSGABEN	€	€	€	€	€	€	€	GESAMT
TRANSPORT Fahrtkosten								
Spritkosten								
ESSEN Lebensmittel								
Essen & Trinken								
SONSTIGES Kleidung								
Nachhilfe, Lernmaterial								
Hobbys, Sport								
Ausgehen (Kino etc...)								
GESAMT								

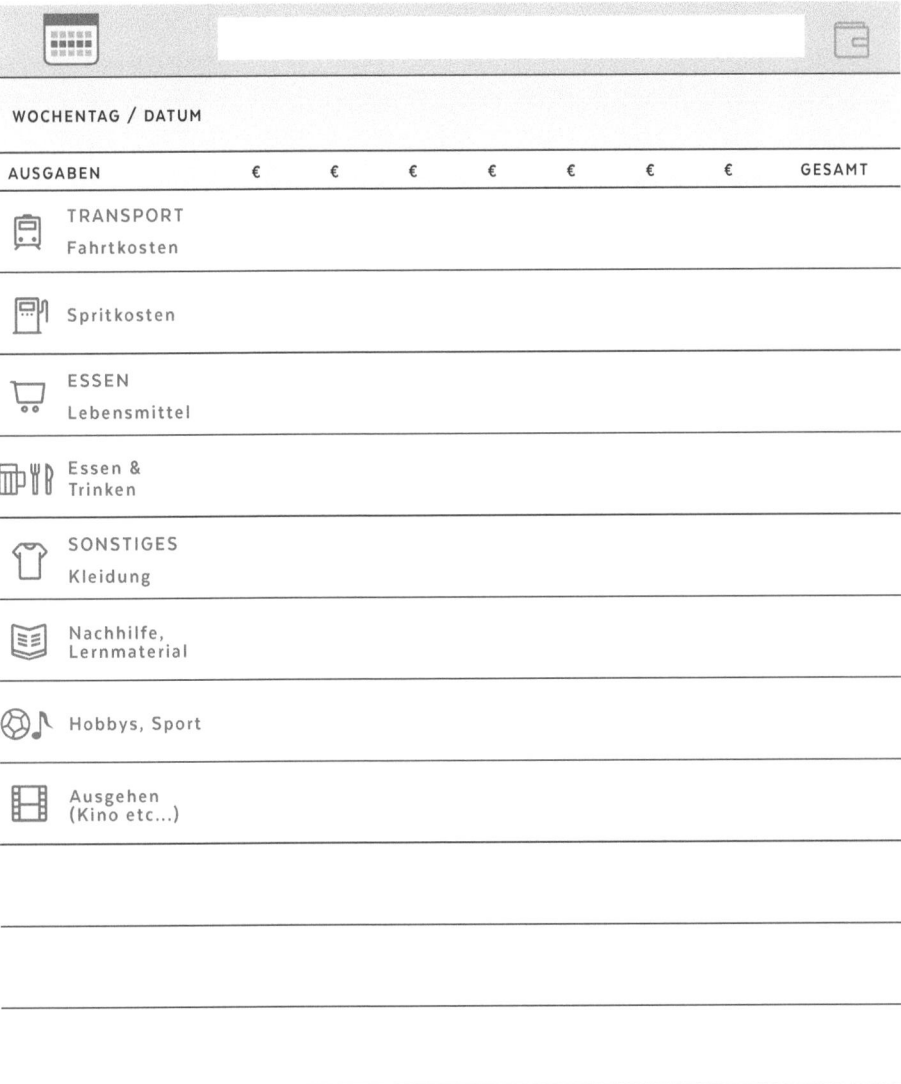

WOCHENTAG / DATUM

AUSGABEN	€	€	€	€	€	€	€	GESAMT
TRANSPORT Fahrtkosten								
Spritkosten								
ESSEN Lebensmittel								
Essen & Trinken								
SONSTIGES Kleidung								
Nachhilfe, Lernmaterial								
Hobbys, Sport								
Ausgehen (Kino etc...)								

GESAMT

WOCHENTAG / DATUM

AUSGABEN	€	€	€	€	€	€	€	GESAMT
TRANSPORT Fahrtkosten								
Spritkosten								
ESSEN Lebensmittel								
Essen & Trinken								
SONSTIGES Kleidung								
Nachhilfe, Lernmaterial								
Hobbys, Sport								
Ausgehen (Kino etc...)								
GESAMT								

WOCHENTAG / DATUM

AUSGABEN	€	€	€	€	€	€	€	GESAMT
TRANSPORT Fahrtkosten								
Spritkosten								
ESSEN Lebensmittel								
Essen & Trinken								
SONSTIGES Kleidung								
Nachhilfe, Lernmaterial								
Hobbys, Sport								
Ausgehen (Kino etc...)								

GESAMT

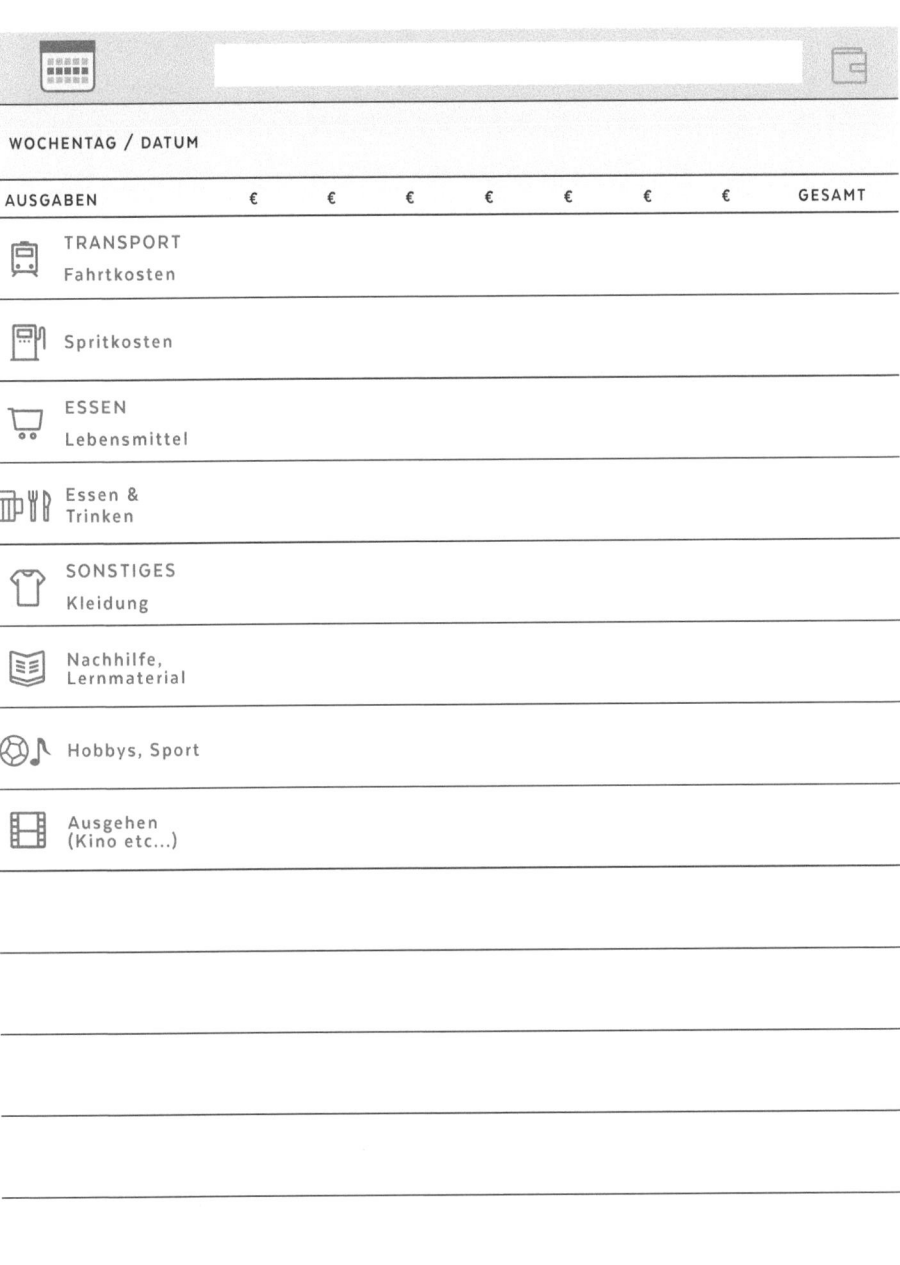

WOCHENTAG / DATUM

AUSGABEN	€	€	€	€	€	€	€	GESAMT
TRANSPORT Fahrtkosten								
Spritkosten								
ESSEN Lebensmittel								
Essen & Trinken								
SONSTIGES Kleidung								
Nachhilfe, Lernmaterial								
Hobbys, Sport								
Ausgehen (Kino etc...)								
GESAMT								

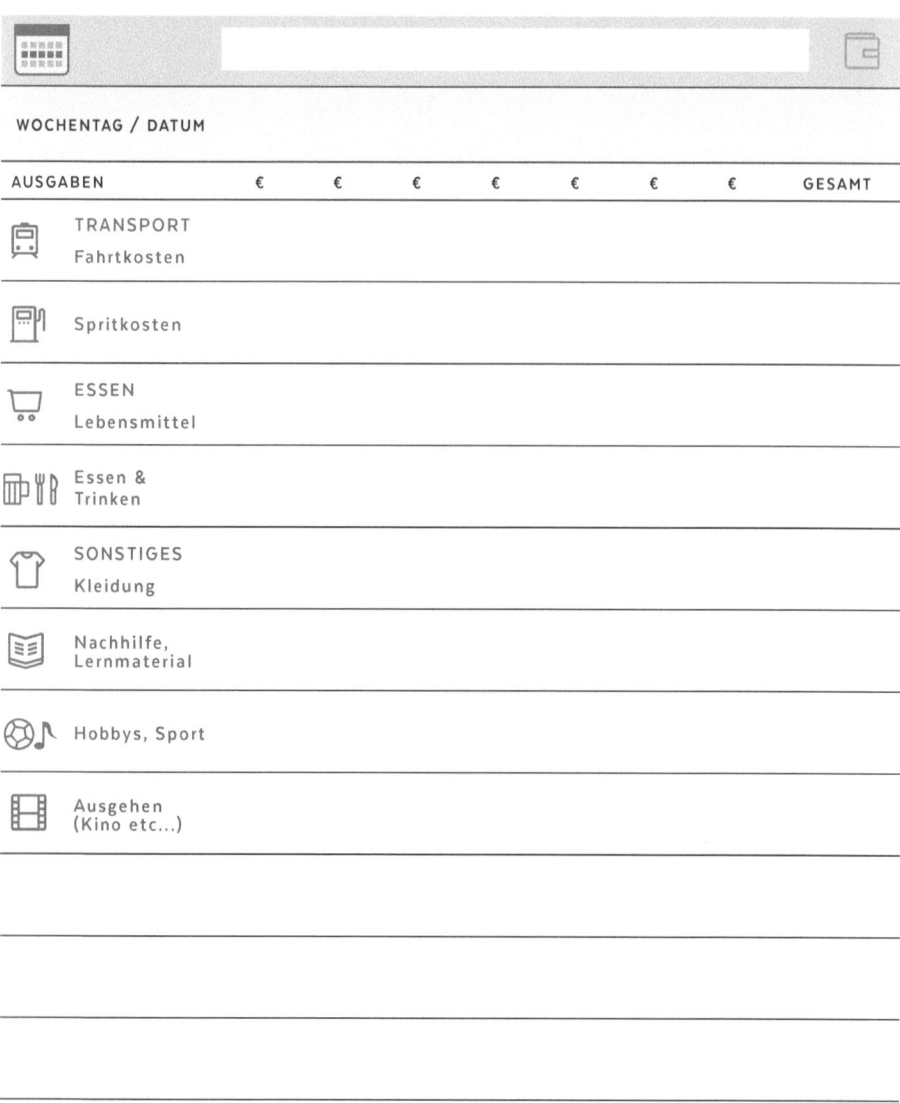

WOCHENTAG / DATUM

AUSGABEN	€	€	€	€	€	€	€	GESAMT
TRANSPORT Fahrtkosten								
Spritkosten								
ESSEN Lebensmittel								
Essen & Trinken								
SONSTIGES Kleidung								
Nachhilfe, Lernmaterial								
Hobbys, Sport								
Ausgehen (Kino etc...)								

GESAMT

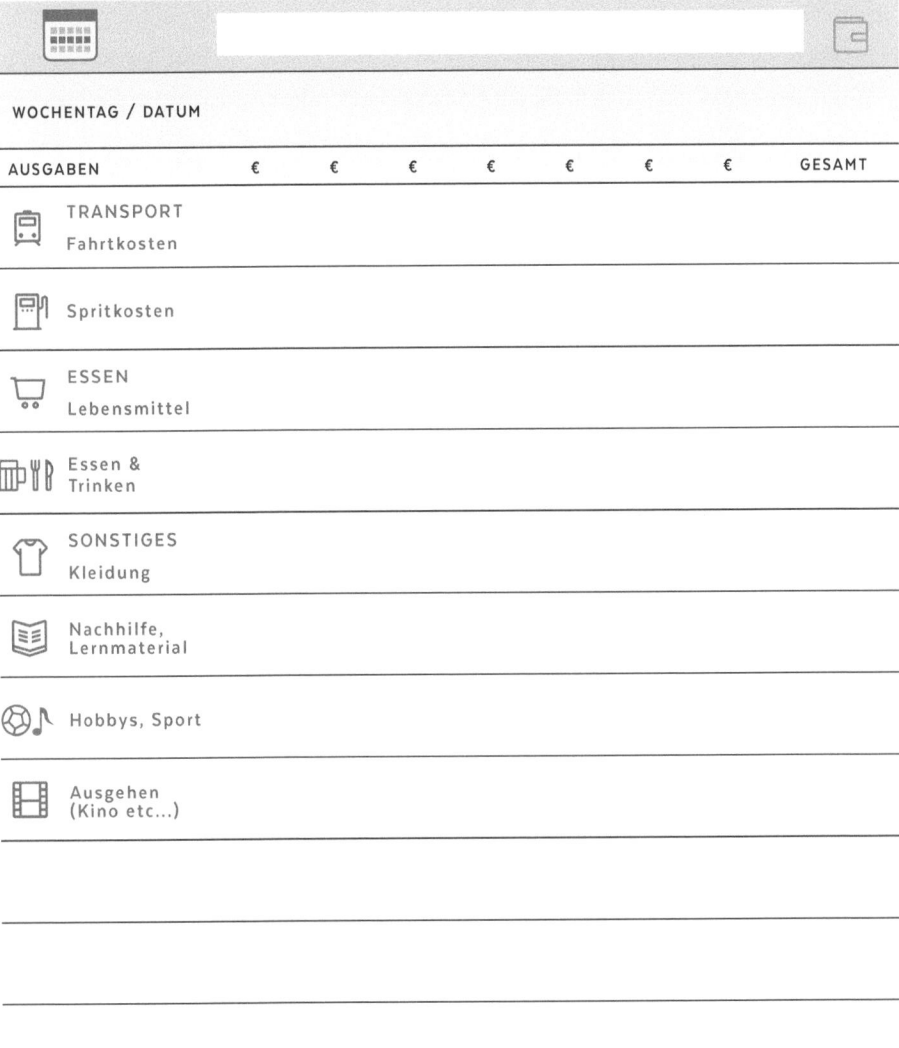

WOCHENTAG / DATUM

AUSGABEN	€	€	€	€	€	€	€	GESAMT
TRANSPORT Fahrtkosten								
Spritkosten								
ESSEN Lebensmittel								
Essen & Trinken								
SONSTIGES Kleidung								
Nachhilfe, Lernmaterial								
Hobbys, Sport								
Ausgehen (Kino etc...)								

GESAMT

WOCHENTAG / DATUM

AUSGABEN	€	€	€	€	€	€	€	GESAMT
TRANSPORT Fahrtkosten								
Spritkosten								
ESSEN Lebensmittel								
Essen & Trinken								
SONSTIGES Kleidung								
Nachhilfe, Lernmaterial								
Hobbys, Sport								
Ausgehen (Kino etc...)								

GESAMT

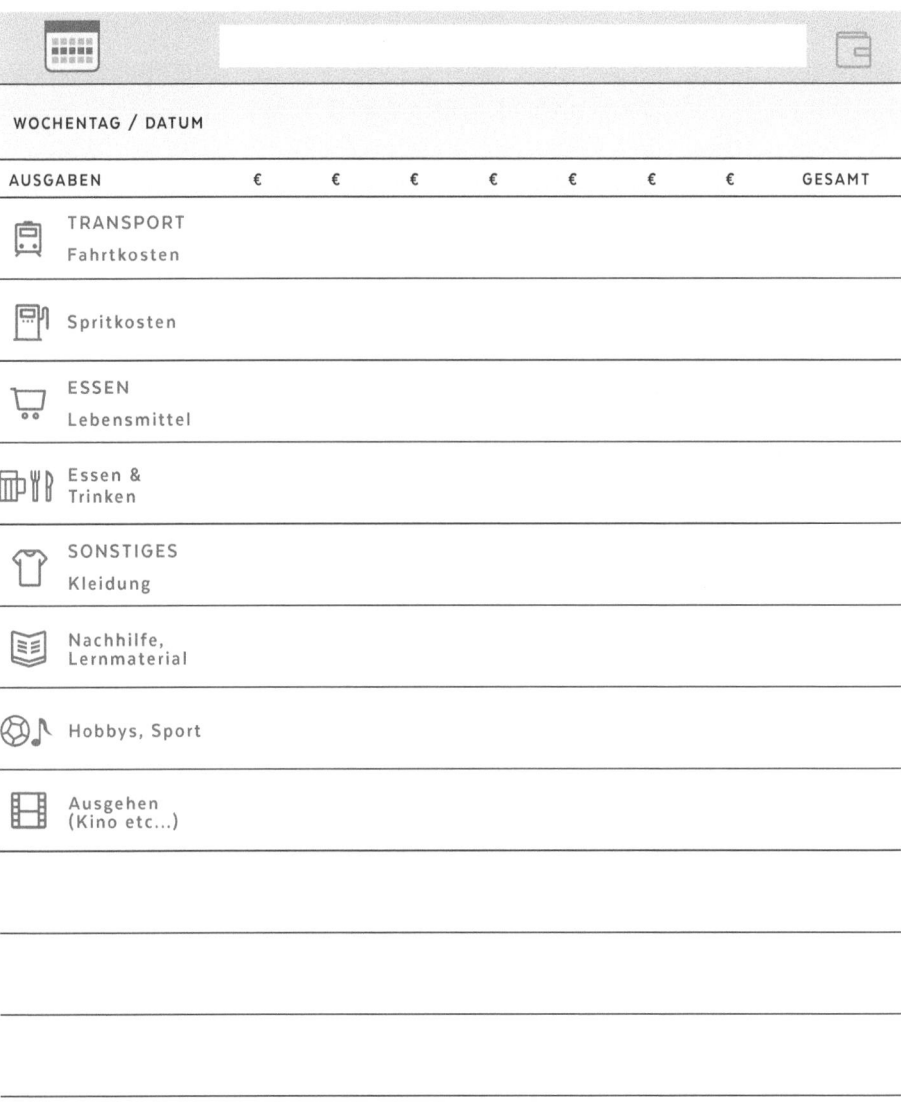

WOCHENTAG / DATUM

AUSGABEN	€	€	€	€	€	€	€	GESAMT
TRANSPORT Fahrtkosten								
Spritkosten								
ESSEN Lebensmittel								
Essen & Trinken								
SONSTIGES Kleidung								
Nachhilfe, Lernmaterial								
Hobbys, Sport								
Ausgehen (Kino etc...)								
GESAMT								

WOCHENTAG / DATUM

AUSGABEN	€	€	€	€	€	€	€	GESAMT
TRANSPORT Fahrtkosten								
Spritkosten								
ESSEN Lebensmittel								
Essen & Trinken								
SONSTIGES Kleidung								
Nachhilfe, Lernmaterial								
Hobbys, Sport								
Ausgehen (Kino etc...)								
GESAMT								

WOCHENTAG / DATUM

AUSGABEN	€	€	€	€	€	€	€	GESAMT
TRANSPORT Fahrtkosten								
Spritkosten								
ESSEN Lebensmittel								
Essen & Trinken								
SONSTIGES Kleidung								
Nachhilfe, Lernmaterial								
Hobbys, Sport								
Ausgehen (Kino etc...)								
GESAMT								

WOCHENTAG / DATUM

AUSGABEN	€	€	€	€	€	€	€	GESAMT
TRANSPORT Fahrtkosten								
Spritkosten								
ESSEN Lebensmittel								
Essen & Trinken								
SONSTIGES Kleidung								
Nachhilfe, Lernmaterial								
Hobbys, Sport								
Ausgehen (Kino etc...)								
GESAMT								

WOCHENTAG / DATUM

AUSGABEN	€	€	€	€	€	€	€	GESAMT
TRANSPORT Fahrtkosten								
Spritkosten								
ESSEN Lebensmittel								
Essen & Trinken								
SONSTIGES Kleidung								
Nachhilfe, Lernmaterial								
Hobbys, Sport								
Ausgehen (Kino etc...)								
GESAMT								

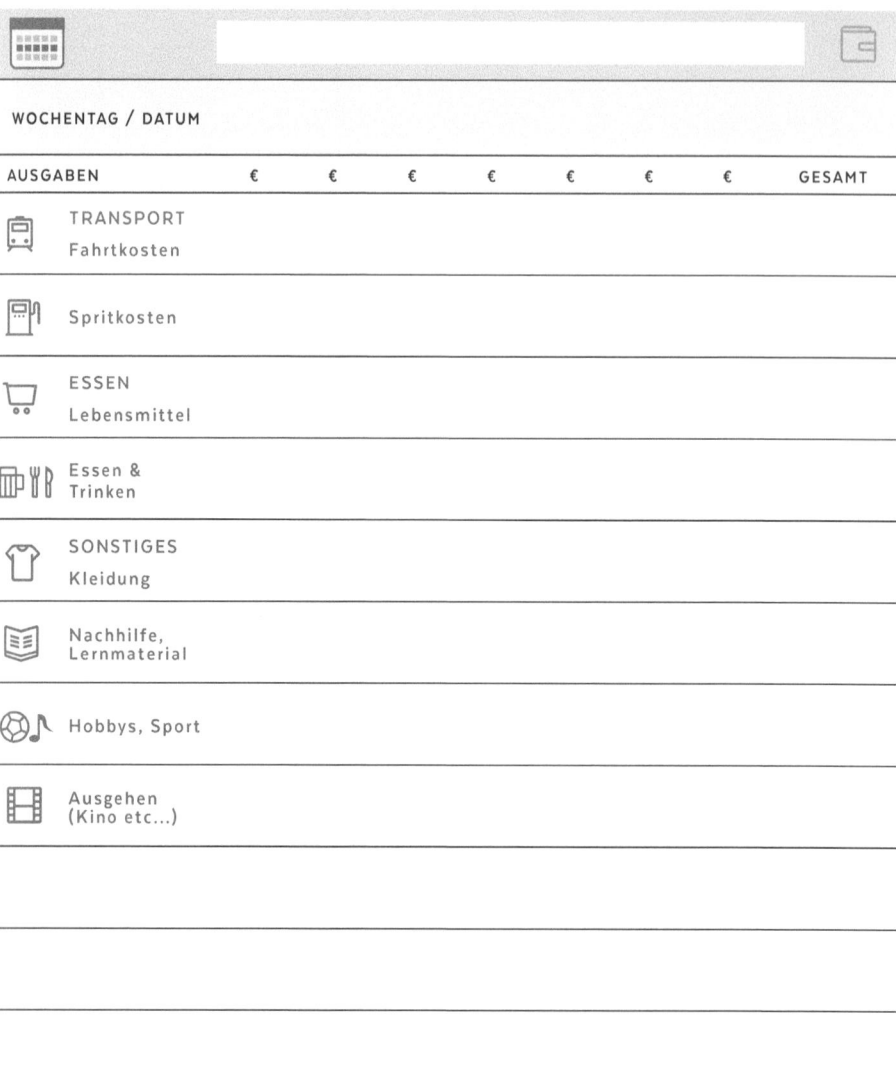

WOCHENTAG / DATUM

AUSGABEN	€	€	€	€	€	€	€	GESAMT
TRANSPORT Fahrtkosten								
Spritkosten								
ESSEN Lebensmittel								
Essen & Trinken								
SONSTIGES Kleidung								
Nachhilfe, Lernmaterial								
Hobbys, Sport								
Ausgehen (Kino etc...)								
GESAMT								

WOCHENTAG / DATUM

AUSGABEN	€	€	€	€	€	€	€	GESAMT
TRANSPORT Fahrtkosten								
Spritkosten								
ESSEN Lebensmittel								
Essen & Trinken								
SONSTIGES Kleidung								
Nachhilfe, Lernmaterial								
Hobbys, Sport								
Ausgehen (Kino etc...)								
GESAMT								

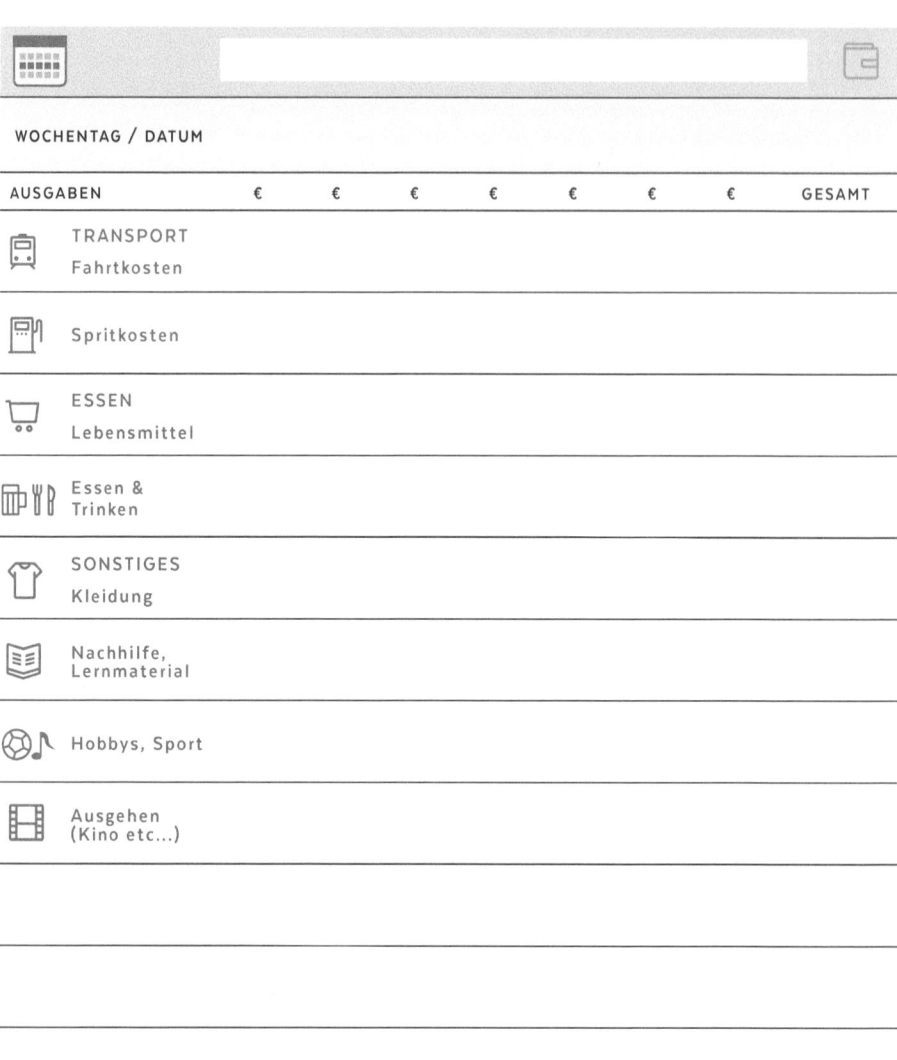

WOCHENTAG / DATUM

AUSGABEN	€	€	€	€	€	€	€	GESAMT
TRANSPORT Fahrtkosten								
Spritkosten								
ESSEN Lebensmittel								
Essen & Trinken								
SONSTIGES Kleidung								
Nachhilfe, Lernmaterial								
Hobbys, Sport								
Ausgehen (Kino etc...)								

GESAMT

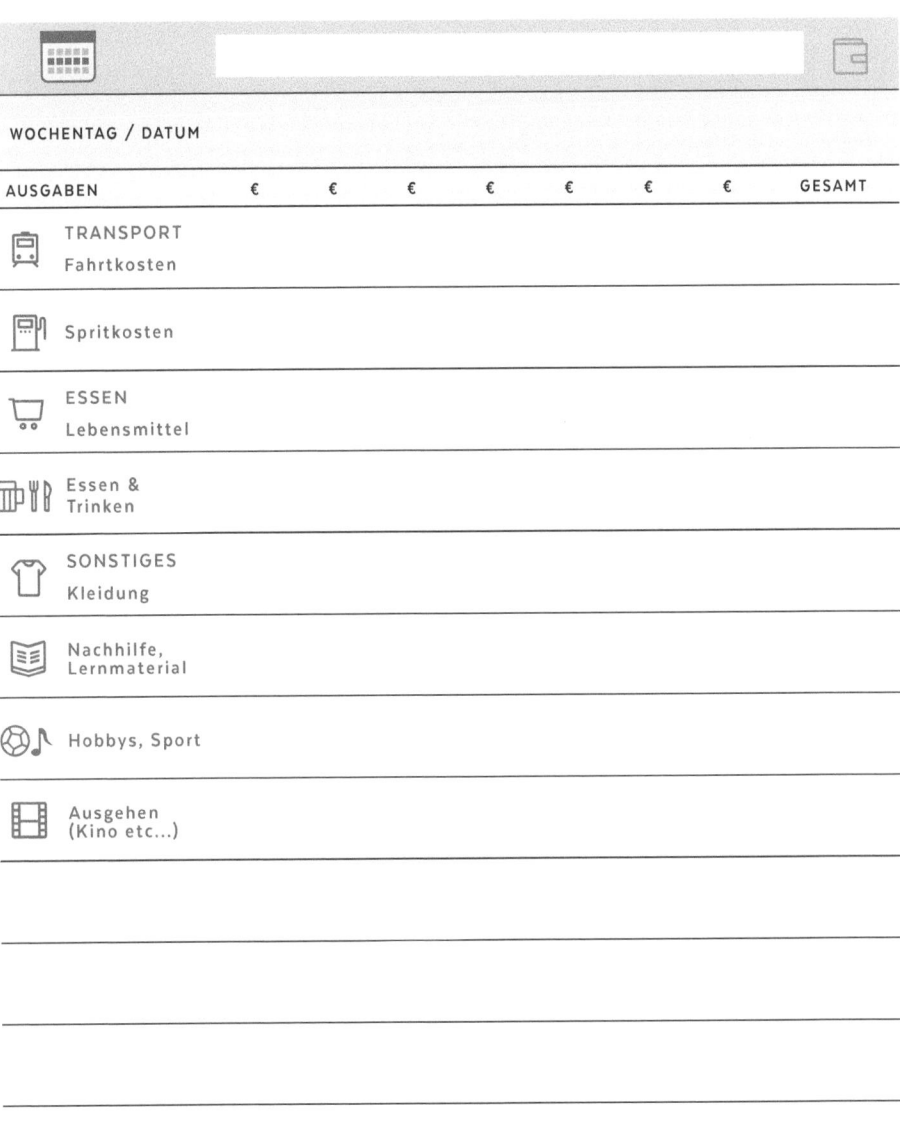

WOCHENTAG / DATUM

AUSGABEN	€	€	€	€	€	€	€	GESAMT
TRANSPORT Fahrtkosten								
Spritkosten								
ESSEN Lebensmittel								
Essen & Trinken								
SONSTIGES Kleidung								
Nachhilfe, Lernmaterial								
Hobbys, Sport								
Ausgehen (Kino etc...)								

GESAMT

WOCHENTAG / DATUM

AUSGABEN	€	€	€	€	€	€	€	GESAMT
TRANSPORT Fahrtkosten								
Spritkosten								
ESSEN Lebensmittel								
Essen & Trinken								
SONSTIGES Kleidung								
Nachhilfe, Lernmaterial								
Hobbys, Sport								
Ausgehen (Kino etc...)								
GESAMT								

WOCHENTAG / DATUM

AUSGABEN	€	€	€	€	€	€	€	GESAMT
TRANSPORT Fahrtkosten								
Spritkosten								
ESSEN Lebensmittel								
Essen & Trinken								
SONSTIGES Kleidung								
Nachhilfe, Lernmaterial								
Hobbys, Sport								
Ausgehen (Kino etc...)								

GESAMT

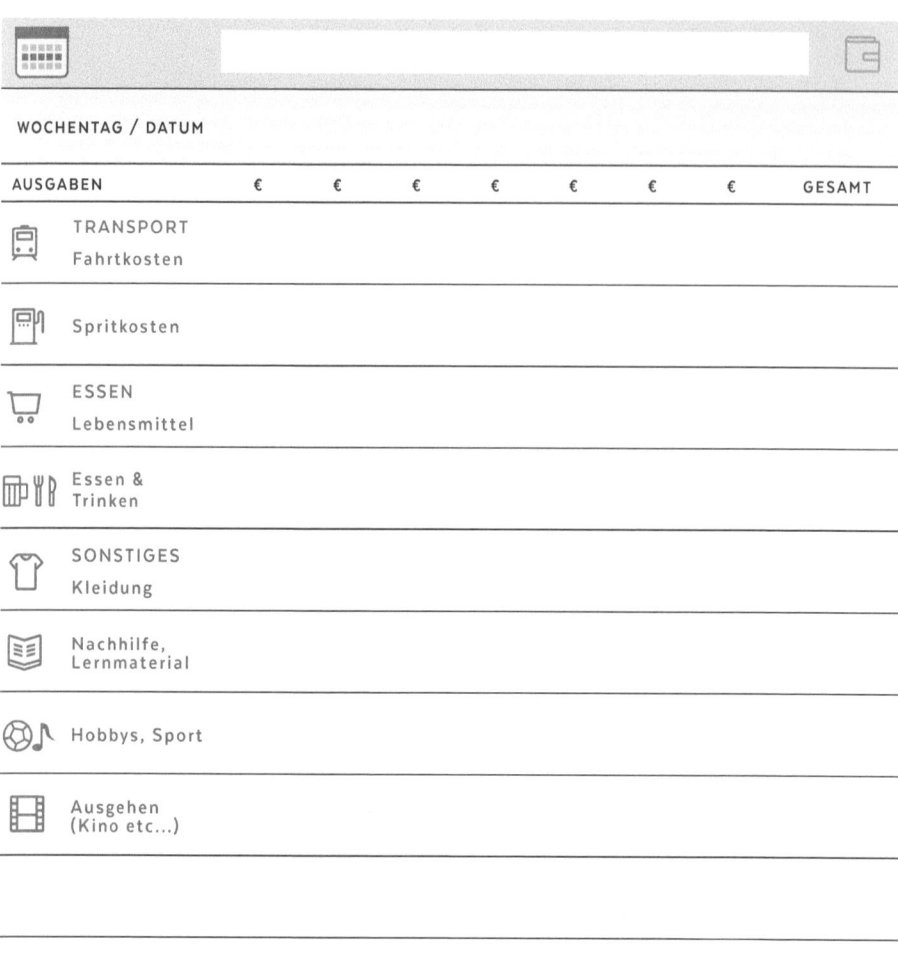

WOCHENTAG / DATUM

AUSGABEN	€	€	€	€	€	€	€	GESAMT
TRANSPORT Fahrtkosten								
Spritkosten								
ESSEN Lebensmittel								
Essen & Trinken								
SONSTIGES Kleidung								
Nachhilfe, Lernmaterial								
Hobbys, Sport								
Ausgehen (Kino etc...)								
GESAMT								

WOCHENTAG / DATUM

AUSGABEN	€	€	€	€	€	€	€	GESAMT
TRANSPORT Fahrtkosten								
Spritkosten								
ESSEN Lebensmittel								
Essen & Trinken								
SONSTIGES Kleidung								
Nachhilfe, Lernmaterial								
Hobbys, Sport								
Ausgehen (Kino etc...)								
GESAMT								

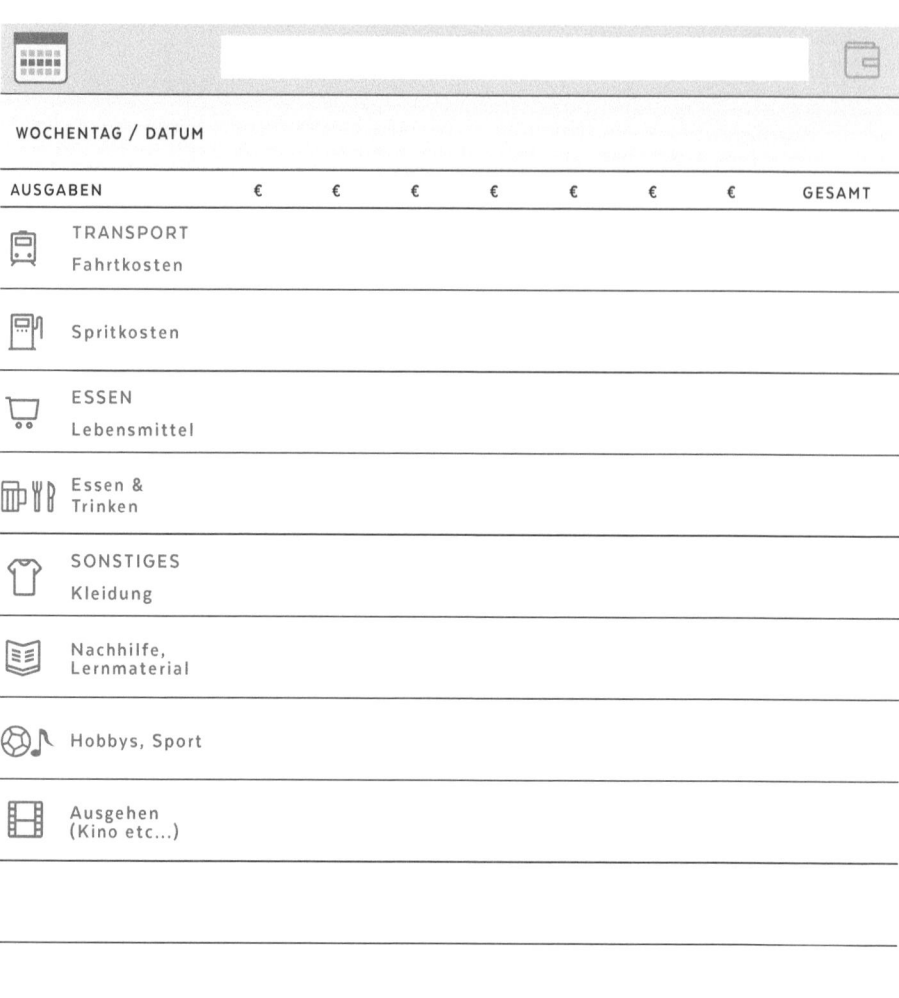

WOCHENTAG / DATUM

AUSGABEN	€	€	€	€	€	€	€	GESAMT
TRANSPORT Fahrtkosten								
Spritkosten								
ESSEN Lebensmittel								
Essen & Trinken								
SONSTIGES Kleidung								
Nachhilfe, Lernmaterial								
Hobbys, Sport								
Ausgehen (Kino etc...)								
GESAMT								

WOCHENTAG / DATUM								
AUSGABEN	€	€	€	€	€	€	€	GESAMT
TRANSPORT Fahrtkosten								
Spritkosten								
ESSEN Lebensmittel								
Essen & Trinken								
SONSTIGES Kleidung								
Nachhilfe, Lernmaterial								
Hobbys, Sport								
Ausgehen (Kino etc...)								
GESAMT								

WOCHENTAG / DATUM

AUSGABEN	€	€	€	€	€	€	€	GESAMT
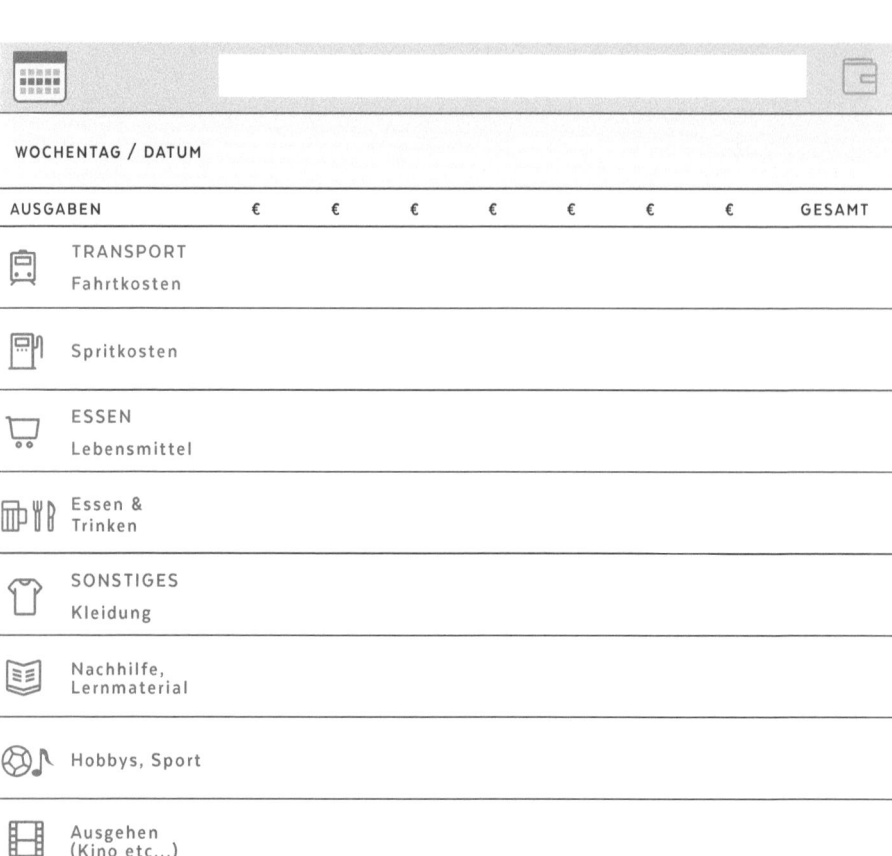 TRANSPORT Fahrtkosten								
Spritkosten								
ESSEN Lebensmittel								
Essen & Trinken								
SONSTIGES Kleidung								
Nachhilfe, Lernmaterial								
Hobbys, Sport								
Ausgehen (Kino etc...)								

GESAMT

WOCHENTAG / DATUM

AUSGABEN	€	€	€	€	€	€	€	GESAMT
TRANSPORT Fahrtkosten								
Spritkosten								
ESSEN Lebensmittel								
Essen & Trinken								
SONSTIGES Kleidung								
Nachhilfe, Lernmaterial								
Hobbys, Sport								
Ausgehen (Kino etc...)								
GESAMT								

WOCHENTAG / DATUM

AUSGABEN	€	€	€	€	€	€	€	GESAMT
TRANSPORT Fahrtkosten								
Spritkosten								
ESSEN Lebensmittel								
Essen & Trinken								
SONSTIGES Kleidung								
Nachhilfe, Lernmaterial								
Hobbys, Sport								
Ausgehen (Kino etc...)								
GESAMT								

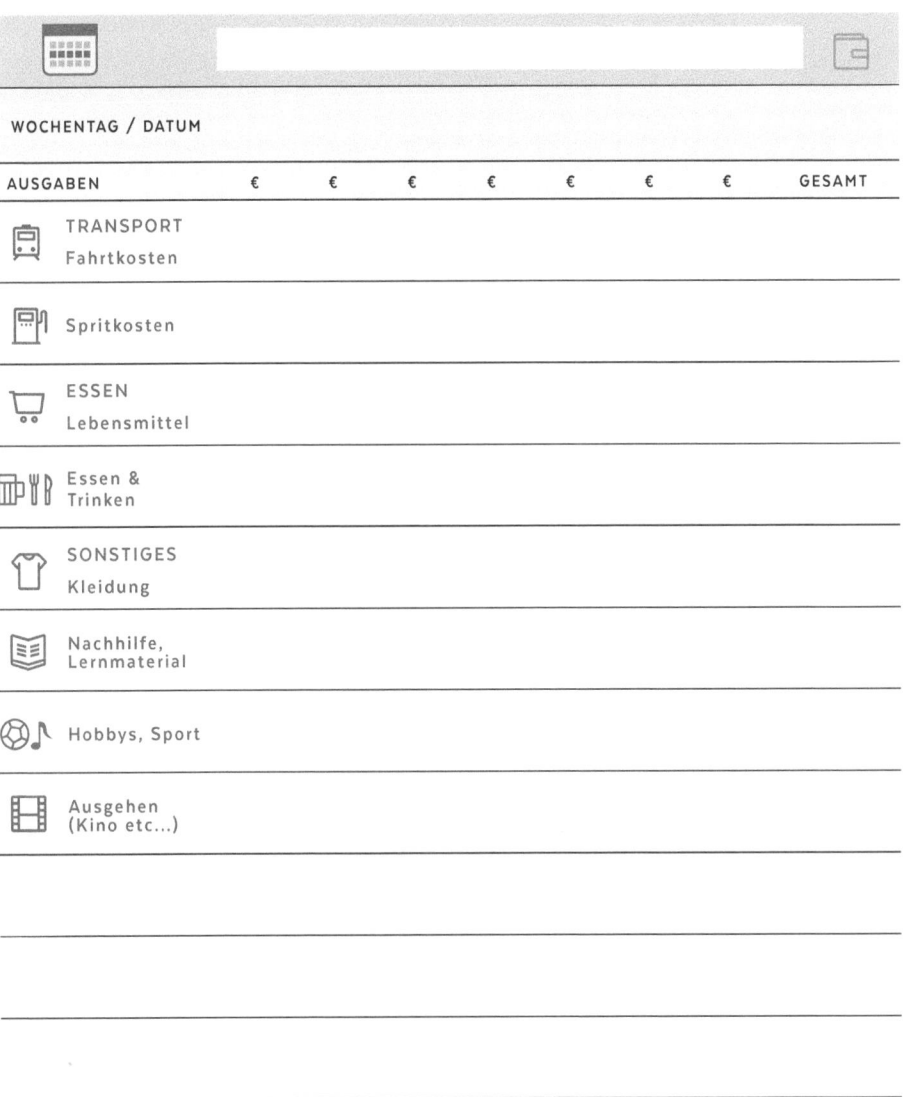

WOCHENTAG / DATUM

AUSGABEN	€	€	€	€	€	€	€	GESAMT
TRANSPORT Fahrtkosten								
Spritkosten								
ESSEN Lebensmittel								
Essen & Trinken								
SONSTIGES Kleidung								
Nachhilfe, Lernmaterial								
Hobbys, Sport								
Ausgehen (Kino etc...)								

GESAMT

MONATSÜBERSICHT

MONAT

AUSGABEN	€	AUSGABEN	€
MIETE			
NEBENKOSTEN			
DARLEHEN/ RATENZAHLUNGEN			
VERSICHERUNGEN			
SPARBETRÄGE			
HANDYGEBÜHREN			
TELEFONKOSTEN			
INTERNETGEBÜHREN			
KFZ STEUER			
FAHRKARTEN (ZUG / S-BAHN)			
MEDIZINISCHE VERSORGUNG			
VEREINSBEITRÄGE			
ABBONEMENTS		GESAMT	
GESAMT		SUMME	

MONATSÜBERSICHT

AUSGABEN	€	EINNAHMEN	€
WOCHE 1			
WOCHE 2			
WOCHE 3			
WOCHE 4			
WOCHE 5			
MONATLICHE KOSTEN			
GESAMT			

NOTIZEN		
	GESAMT	

MONATSÜBERSICHT

	EINNAME	€
	AUSGABEN	€
	GESPART	€

MONAT

AUSGABEN	€	AUSGABEN	€
MIETE			
NEBENKOSTEN			
DARLEHEN/ RATENZAHLUNGEN			
VERSICHERUNGEN			
SPARBETRÄGE			
HANDYGEBÜHREN			
TELEFONKOSTEN			
INTERNETGEBÜHREN			
KFZ STEUER			
FAHRKARTEN (ZUG / S-BAHN)			
MEDIZINISCHE VERSORGUNG			
VEREINSBEITRÄGE			
ABBONEMENTS		GESAMT	
GESAMT		SUMME	

MONATSÜBERSICHT

AUSGABEN	€	EINNAHMEN	€
📅 WOCHE 1			
📅 WOCHE 2			
📅 WOCHE 3			
📅 WOCHE 4			
📅 WOCHE 5			
📅 MONATLICHE KOSTEN			
GESAMT			

NOTIZEN	
	GESAMT

MONATSÜBERSICHT

EINNAME	€
AUSGABEN	€
GESPART	€

MONAT

AUSGABEN	€	AUSGABEN	€
MIETE			
NEBENKOSTEN			
DARLEHEN/ RATENZAHLUNGEN			
VERSICHERUNGEN			
SPARBETRÄGE			
HANDYGEBÜHREN			
TELEFONKOSTEN			
INTERNETGEBÜHREN			
KFZ STEUER			
FAHRKARTEN (ZUG / S-BAHN)			
MEDIZINISCHE VERSORGUNG			
VEREINSBEITRÄGE			
ABBONEMENTS		GESAMT	
GESAMT		SUMME	

MONATSÜBERSICHT

AUSGABEN	€	EINNAHMEN	€
📅 WOCHE 1			
📅 WOCHE 2			
📅 WOCHE 3			
📅 WOCHE 4			
📅 WOCHE 5			
📅 MONATLICHE KOSTEN			
GESAMT			
NOTIZEN			
		GESAMT	

MONATSÜBERSICHT

	€
EINNAME	€
AUSGABEN	€
GESPART	€

MONAT

AUSGABEN	€	AUSGABEN	€
🏠 MIETE			
✚ NEBENKOSTEN			
DARLEHEN/ RATENZAHLUNGEN			
VERSICHERUNGEN			
🐷 SPARBETRÄGE			
📱 HANDYGEBÜHREN			
☎ TELEFONKOSTEN			
🌐 INTERNETGEBÜHREN			
🚗 KFZ STEUER			
FAHRKARTEN (ZUG / S-BAHN)			
MEDIZINISCHE VERSORGUNG			
VEREINSBEITRÄGE			
ABBONEMENTS		GESAMT	
GESAMT		SUMME	

MONATSÜBERSICHT

AUSGABEN	€	EINNAHMEN	€
WOCHE 1			
WOCHE 2			
WOCHE 3			
WOCHE 4			
WOCHE 5			
MONATLICHE KOSTEN			
GESAMT			
NOTIZEN			
		GESAMT	

MONATSÜBERSICHT

EINNAME	€	
AUSGABEN	€	
GESPART	€	

 **MONAT**

AUSGABEN	€	AUSGABEN	€
MIETE			
NEBENKOSTEN			
DARLEHEN/ RATENZAHLUNGEN			
VERSICHERUNGEN			
SPARBETRÄGE			
HANDYGEBÜHREN			
TELEFONKOSTEN			
INTERNETGEBÜHREN			
KFZ STEUER			
FAHRKARTEN (ZUG / S-BAHN)			
MEDIZINISCHE VERSORGUNG			
VEREINSBEITRÄGE			
ABBONEMENTS		GESAMT	
GESAMT		SUMME	

MONATSÜBERSICHT

AUSGABEN	€	EINNAHMEN	€
📅 WOCHE 1			
📅 WOCHE 2			
📅 WOCHE 3			
📅 WOCHE 4			
📅 WOCHE 5			
📅 MONATLICHE KOSTEN			
GESAMT			
NOTIZEN			
		GESAMT	

MONATSÜBERSICHT

EINNAME	€
AUSGABEN	€
GESPART	€

MONAT

AUSGABEN	€	AUSGABEN	€
MIETE			
NEBENKOSTEN			
DARLEHEN/ RATENZAHLUNGEN			
VERSICHERUNGEN			
SPARBETRÄGE			
HANDYGEBÜHREN			
TELEFONKOSTEN			
INTERNETGEBÜHREN			
KFZ STEUER			
FAHRKARTEN (ZUG / S-BAHN)			
MEDIZINISCHE VERSORGUNG			
VEREINSBEITRÄGE			
ABBONEMENTS		GESAMT	
GESAMT		SUMME	

MONATSÜBERSICHT

AUSGABEN	€	EINNAHMEN	€
WOCHE 1			
WOCHE 2			
WOCHE 3			
WOCHE 4			
WOCHE 5			
MONATLICHE KOSTEN			
GESAMT			
NOTIZEN			
		GESAMT	

MONATSÜBERSICHT

EINNAME	€	
AUSGABEN	€	
GESPART	€	

MONAT

AUSGABEN	€	AUSGABEN	€
MIETE			
NEBENKOSTEN			
DARLEHEN/ RATENZAHLUNGEN			
VERSICHERUNGEN			
SPARBETRÄGE			
HANDYGEBÜHREN			
TELEFONKOSTEN			
INTERNETGEBÜHREN			
KFZ STEUER			
FAHRKARTEN (ZUG / S-BAHN)			
MEDIZINISCHE VERSORGUNG			
VEREINSBEITRÄGE			
ABBONEMENTS		GESAMT	
GESAMT		SUMME	

MONATSÜBERSICHT

AUSGABEN	€	EINNAHMEN	€
📅 WOCHE 1			
📅 WOCHE 2			
📅 WOCHE 3			
📅 WOCHE 4			
📅 WOCHE 5			
📅 MONATLICHE KOSTEN			
GESAMT			
NOTIZEN			
		GESAMT	

MONATSÜBERSICHT

EINNAME	€
AUSGABEN	€
GESPART	€

 **MONAT**

AUSGABEN	€	AUSGABEN	€
MIETE			
NEBENKOSTEN			
DARLEHEN/ RATENZAHLUNGEN			
VERSICHERUNGEN			
SPARBETRÄGE			
HANDYGEBÜHREN			
TELEFONKOSTEN			
INTERNETGEBÜHREN			
KFZ STEUER			
FAHRKARTEN (ZUG / S-BAHN)			
MEDIZINISCHE VERSORGUNG			
VEREINSBEITRÄGE			
ABBONEMENTS		GESAMT	
GESAMT		SUMME	

MONATSÜBERSICHT

AUSGABEN	€	EINNAHMEN	€
📅 WOCHE 1			
📅 WOCHE 2			
📅 WOCHE 3			
📅 WOCHE 4			
📅 WOCHE 5			
📅 MONATLICHE KOSTEN			
GESAMT			
NOTIZEN			
		GESAMT	
_____			
_____		**MONATSÜBERSICHT**	
_____		EINNAME	€
_____		AUSGABEN	€
_____		GESPART	€
_____			

MONAT

AUSGABEN	€	AUSGABEN	€
MIETE			
NEBENKOSTEN			
DARLEHEN/ RATENZAHLUNGEN			
VERSICHERUNGEN			
SPARBETRÄGE			
HANDYGEBÜHREN			
TELEFONKOSTEN			
INTERNETGEBÜHREN			
KFZ STEUER			
FAHRKARTEN (ZUG / S-BAHN)			
MEDIZINISCHE VERSORGUNG			
VEREINSBEITRÄGE			
ABBONEMENTS		GESAMT	
GESAMT		SUMME	

MONATSÜBERSICHT

AUSGABEN	€	EINNAHMEN	€
WOCHE 1			
WOCHE 2			
WOCHE 3			
WOCHE 4			
WOCHE 5			
MONATLICHE KOSTEN			
GESAMT			
NOTIZEN			
		GESAMT	

MONATSÜBERSICHT

EINNAME	€
AUSGABEN	€
GESPART	€

MONAT

AUSGABEN	€	AUSGABEN	€
MIETE			
NEBENKOSTEN			
DARLEHEN/ RATENZAHLUNGEN			
VERSICHERUNGEN			
SPARBETRÄGE			
HANDYGEBÜHREN			
TELEFONKOSTEN			
INTERNETGEBÜHREN			
KFZ STEUER			
FAHRKARTEN (ZUG / S-BAHN)			
MEDIZINISCHE VERSORGUNG			
VEREINSBEITRÄGE			
ABBONEMENTS		GESAMT	
GESAMT		SUMME	

MONATSÜBERSICHT

AUSGABEN	€	EINNAHMEN	€
WOCHE 1			
WOCHE 2			
WOCHE 3			
WOCHE 4			
WOCHE 5			
MONATLICHE KOSTEN			
GESAMT			

NOTIZEN		
	GESAMT	

MONATSÜBERSICHT

EINNAME	€
AUSGABEN	€
GESPART	€

MONAT

AUSGABEN	€	AUSGABEN	€
MIETE			
NEBENKOSTEN			
DARLEHEN/ RATENZAHLUNGEN			
VERSICHERUNGEN			
SPARBETRÄGE			
HANDYGEBÜHREN			
TELEFONKOSTEN			
INTERNETGEBÜHREN			
KFZ STEUER			
FAHRKARTEN (ZUG / S-BAHN)			
MEDIZINISCHE VERSORGUNG			
VEREINSBEITRÄGE			
ABBONEMENTS		GESAMT	
GESAMT		SUMME	

MONATSÜBERSICHT

AUSGABEN	€	EINNAHMEN	€
📅 WOCHE 1			
📅 WOCHE 2			
📅 WOCHE 3			
📅 WOCHE 4			
📅 WOCHE 5			
📅 MONATLICHE KOSTEN			
GESAMT			

NOTIZEN		
	GESAMT	

MONATSÜBERSICHT

EINNAME	€
AUSGABEN	€
GESPART	€

MONAT

AUSGABEN	€	AUSGABEN	€
MIETE			
NEBENKOSTEN			
DARLEHEN/ RATENZAHLUNGEN			
VERSICHERUNGEN			
SPARBETRÄGE			
HANDYGEBÜHREN			
TELEFONKOSTEN			
INTERNETGEBÜHREN			
KFZ STEUER			
FAHRKARTEN (ZUG / S-BAHN)			
MEDIZINISCHE VERSORGUNG			
VEREINSBEITRÄGE			
ABBONEMENTS		GESAMT	
GESAMT		SUMME	

MONATSÜBERSICHT

AUGABEN	€	EINNAHMEN	€
📅 WOCHE 1			
📅 WOCHE 2			
📅 WOCHE 3			
📅 WOCHE 4			
📅 WOCHE 5			
📅 MONATLICHE KOSTEN			
GESAMT			

NOTIZEN	
	GESAMT

MONATSÜBERSICHT

EINNAME	€
AUSGABEN	€
GESPART	€

NOTIZEN

IMPRESSUM

Bei Fragen & Anregungen:
feedback@mertens-publication.de

1. Auflage
2018 Mertens Verlagsgruppe
Mertens Ventures Ltd.
Tefkrou Anthia No 2 Office 301
6045 Larnaca
Zypern
E-Mail: kontakt@mertens-publication.de